Dr. Oetker

Die besten Rezepte

# Sanftgaren

mit der 80-Grad-Methode

Dr. Oetker

Die besten Rezepte

# Sanftgaren

mit der 80-Grad-Methode

# Vorwort



Stressfrei kochen und anschließend einen zarten Braten oder ein Steak auf den Punkt gegart genießen – das erreichen Sie durch das Garen im Niedertemperatur-Bereich.

Der Braten gart bei dieser Zubereitungsart langsam im Backofen vor sich hin, ohne anzubrennen oder auszutrocknen, und nimmt es auch nicht übel, wenn er etwas länger im Backofen bleibt.

Für alle Liebhaber von sanft gegartem Fleisch und alle, die es einmal ausprobieren möchten, haben wir in diesem Buch „Sanft garen – mit der 80-Grad-Methode“ eine Vielzahl von neuen Rezepten für große und kleine Bratenstücke zusammengestellt.

Die Rezepte sind wie immer von Dr. Oetker geprüft und so beschrieben, dass sie garantiert gelingen.

# Kapitelübersicht

# Kapitelübersicht

# Einführung

## Zubereitungszeiten

Die Zubereitungszeit beinhaltet nur die Zeit für die eigentliche Zubereitung, Gar- und Grillzeiten sind gesondert ausgewiesen. Längere Wartezeiten, z. B. Kühl- und Auftauzeiten, sind nicht mit einbezogen.

## Prinzip des Niedertemperatur-Garens

Vor dem eigentlichen Niedertemperatur-Garen wird das Fleisch bei hohen Temperaturen von allen Seiten gut angebraten. Dabei gerinnt das Oberflächeneiweiß und es bildet sich eine schmackhafte Kruste. Diese Krustenbildung sorgt für ein gutes Bratenaroma und verhindert ein zu starkes Austreten des Fleischsaftes. Der Fleischsaft zieht sich ins Innere des Bratenstückes zurück.
Beim anschließenden Garen, das je nach Größe und Dicke des Fleischstückes zwischen 30 Minuten und 7 Stunden betragen kann, verteilt sich der Fleischsaft im gesamten Stück, das Fleisch entspannt sich und kann außerdem nachreifen. Da nicht soviel Bratensaft nach außen tritt, wie bei konventionellen Garmethoden mit höheren Temperaturen, trocknen die Bratenstücke nicht aus, sondern sind zarter und haben eine rosa Farbe.

## Geeignete Fleischstücke

Voraussetzung für einen guten Braten ist eine gute Fleischqualität, mikrobiologisch einwandfreies Fleisch, eine lückenlose Kühlung des Fleisches und natürlich eine hygienische Verarbeitung im Haushalt.
Geeignet zum sanften Garen sind zarte, magere Fleischstücke vom Schwein, Rind, Kalb, Lamm und z. T. vom Wild. Diese werden in der Regel rosa bzw. auf den Punkt gegart. Aber nicht nur Filetstücke, sondern auch Kotelett-, Schulter- und Bruststücke, Kasseler, Rollbraten und Haxen eignen sich, wenn die Schwarte und die äußeren Fettschichten vor dem Garen entfernt werden. Geflügelstücke von Pute, Huhn und Ente können auch nach dieser Methode zubereitet werden.

## Anmerkungen zu den Rezepten

In jedem Rezept steht für wie viele Portionen es berechnet ist.
Lesen Sie bitte vor der Zubereitung, besser noch vor dem Einkauf, das Rezept einmal vollständig durch. Oft werden Arbeitsabläufe oder -zusammenhänge dann klarer.
Beachten Sie auch den **Ratgeber** auf den Seiten 202/203, in welchem wir Ihnen einige zusätzliche Tipps und wichtige Hinweise zum Niedertemperatur-Garen, sowie für die Zubereitung von Saucen geben.
Die in den Rezepten angegebenen Gartemperaturen sollen genau eingehalten und mithilfe eines Ofenthermometers überwacht werden. Die in den Rezepten angegebenen Garzeiten sind Richtwerte.
Bitte beachten Sie bei der Einstellung des Herdes die Gebrauchsanweisung des Herstellers. Backbleche bzw. -roste werden im Allgemeinen in der Mitte des Backofens eingeschoben. Abweichungen davon werden gegebenenfalls im Rezept vermerkt.

## Abkürzungen

EL = Esslöffel
TL = Teelöffel
Msp. = Messerspitze
Pck. = Packung/Päckchen
g = Gramm
kg = Kilogramm
ml = Milliliter
l = Liter
Min. = Minuten
Std. = Stunden
evtl. = eventuell
geh. = gehäuft
gestr. = gestrichen
TK = Tiefkühlprodukt
°C = Grad Celsius
Ø = Durchmesser
E = Eiweiß
F = Fett
Kh = Kohlenhydrate
kcal = Kilokalorien
kJ = Kilojoule

# Schwein

Vom Braten bis zum Steak –
Schweinefleisch zart und würzig zubereiten.

# Schweinefilet mit Pfirsichen
(4 Portionen)

2 Zwiebeln
1 gelbe Paprikaschote
1 rote Paprikaschote
600 g Schweinefilet
Salz
frisch gemahlener Pfeffer
4 EL Speiseöl, z. B. Rapsöl
80 ml Fleischbrühe
120 g Tomatenketchup
1/4 TL Chilipulver
4 Pfirsiche

einige Petersilienstängel

*Zubereitungszeit: 30 Minuten*
*Garzeit: etwa 60 Minuten*

*Pro Portion:*
*E: 36 g, F: 14 g, Kh: 24 g,*
*kJ: 1520, kcal: 364*

1 Den Backofen bei Ober-/Unterhitze auf 80 °C vorheizen. Zwiebeln abziehen, halbieren und in kleine Würfel schneiden. Paprikaschoten halbieren, entstielen, entkernen und die weißen Scheidewände entfernen. Die Schoten waschen, abtropfen lassen und in Streifen schneiden.

2 Schweinefilet unter fließendem kalten Wasser abspülen, trockentupfen, evtl. vorhandenes Fett und Sehnen abschneiden. Filet mit Salz und Pfeffer bestreuen. Speiseöl in einem großen flachen Bräter erhitzen. Das Filet darin von allen Seiten in etwa 10 Minuten gut anbraten.

3 Zwiebelwürfel und Paprikastreifen hinzufügen und kurz unter Rühren ebenfalls anbraten. Brühe und Ketchup unterrühren. Die Gemüse-Saucen-Mischung mit Salz, Pfeffer und Chilipulver abschmecken. Den Bräter auf dem Rost (unteres Drittel) in den Backofen schieben und das Fleisch etwa 60 Minuten garen.

4 Etwa 30 Minuten vor dem Ende der Garzeit die Pfirsiche mit kochendem Wasser übergießen, etwa 1 Minute ziehen lassen, dann mit kaltem Wasser abschrecken und enthäuten. Pfirsiche halbieren und entsteinen. Pfirsiche in Spalten schneiden und zum Schweinefilet in den Bräter geben. Den Bräter zurück in den Backofen schieben und das Fleisch zu Ende garen.

5 Petersilie abspülen, trockentupfen und die Blättchen von den Stängeln zupfen. Blättchen fein hacken. Das Schweinefilet in Scheiben schneiden, mit der Sauce, den Pfirsichen und mit Petersilie bestreut servieren.

Beilage: *Pommes frites.*

Tipp: *Statt frischer Pfirsiche können Sie auch Pfirsiche aus der Dose nehmen.*

# Schweinekoteletts mit Tomaten
(4 Portionen)

4 Schweinekoteletts
Salz
frisch gemahlener Pfeffer
5 EL Olivenöl
2 Zwiebeln
2 Knoblauchzehen
5 große Tomaten
125 ml (⅛ l) trockener Weißwein
2 EL Tomatenmark
1 TL gerebelter Oregano
1 TL gerebelter Thymian

einige Basilikumstängel

*Zubereitungszeit: 20 Minuten*
*Garzeit: etwa 30 Minuten*

*Pro Portion:*
*E: 37 g, F: 21 g, Kh: 7 g,*
*kJ: 1618, kcal: 386*

1 Den Backofen bei Ober-/Unterhitze auf 80 °C vorheizen. Einen feuerfesten Teller oder eine Auflaufform mit niedrigem Rand auf dem Rost (mittlere Schiene) miterwärmen.

2 Schweinekoteletts unter fließendem kalten Wasser abspülen, trockentupfen, mit Salz und Pfeffer würzen.

3 Olivenöl in einer Pfanne erhitzen. Die Koteletts darin etwa 2 Minuten von jeder Seite gut anbraten. Dann die Koteletts nebeneinander auf dem vorgewärmten Teller oder in der Auflaufform auf dem Rost in den Backofen schieben und etwa 30 Minuten garen. Pfanne mit dem Bratensatz beiseite stellen.

4 Zwiebeln und Knoblauch abziehen und in kleine Würfel schneiden. Tomaten waschen, abtropfen lassen, halbieren und die Stängelansätze herausschneiden. Tomaten in Stücke schneiden.

5 Beiseite gestellte Pfanne mit dem Bratensatz erwärmen und die Zwiebel- und Knoblauchwürfel darin anbraten. Wein und Tomatenmark unterrühren. Tomatenstücke hinzufügen und etwa 5 Minuten schmoren lassen. Tomatengemüse mit Salz, Pfeffer, Oregano und Thymian würzen.

6 Basilikum abspülen, trockentupfen und die Blättchen von den Stängeln zupfen. Einige zum Garnieren beiseite legen. Restliche Blättchen fein schneiden und unter das Tomatengemüse rühren. Koteletts mit dem Tomatengemüse und beiseite gelegten Basilikumblättern servieren.

Beilage: *Vollkornbrot.*

# Spareribs
## (4–6 Portionen)

2 kg dünne Schweinerippchen (Schälrippchen)
1–2 EL Speiseöl, z. B. Rapsöl
Salz
frisch gemahlener Pfeffer

**Zum Bestreichen:**
1 Glas Mango-Chutney (230 g)
50 g rote Currypaste
2 EL Speiseöl, z. B. Rapsöl

**Für den Dip:**
2 Bananen
100 g Mayonnaise
1 TL Currypulver

1 Rosmarinzweig nach Belieben

*Zubereitungszeit: 30 Minuten*
*Garzeit: etwa 3 ½ Stunden*
*Grillzeit: etwa 35 Minuten*

*Pro Portion:*
*E: 37 g, F: 42 g, Kh: 31 g, kJ: 2734, kcal: 652*

1 Den Backofengrill auf 240 °C vorheizen. Schweinerippchen unter fließendem kalten Wasser abspülen, trockentupfen, dünn mit Öl einstreichen und mit Salz und Pfeffer würzen.

2 Schweinerippchen auf ein Backblech legen. Das Backblech in den Backofen schieben. Die Rippchen etwa 20 Minuten grillen, dabei die Schweinerippchen nach 10 Minuten einmal wenden.

3 Dann den Grill ausschalten und den Backofen auf Ober-/Unterhitze 80 °C einstellen. Dabei die Backofentür einen kleinen Spalt öffnen, bis der Backofen die 80 °C erreicht hat. Backofentür wieder schließen. Die Rippchen unter mehrmaligem Wenden etwa 3 ½ Stunden garen.

4 Zum Bestreichen Mango-Chutney mit Currypaste und Öl verrühren. Ober-/Unterhitze ausschalten und den Backofengrill wieder auf 240 °C einstellen. Die Rippchen nach dem Garen mit der Chutney-Mischung bestreichen und noch etwa 15 Minuten unter dem Backofengrill grillen.

5 Für den Dip die Bananen schälen. Bananen in kleine Stücke schneiden und mit der Mayonnaise pürieren. Dip mit Curry, Salz und Pfeffer abschmecken. Spareribs mit dem Dip servieren. Nach Belieben die Spareribs mit Rosmarin garnieren.

Beilage: *Fladenbrot.*

# Spieße mit Schweinefleisch
(4 Portionen)

200 g Tomatenketchup
150 ml Fleischbrühe
2 TL Currypulver

500 g magere Schweineschulter, ohne Knochen
1 gelbe Paprikaschote
8 entsteinte, getrocknete Pflaumen
8 geräucherte dünne Speckscheiben
1 Zwiebel
Salz
frisch gemahlener Pfeffer

3 EL Speiseöl, z. B. Rapsöl

**Außerdem:**
4 Schaschlikspieße

*Zubereitungszeit: 30 Minuten*
*Garzeit: etwa 40 Minuten*

*Pro Portion:*
*E: 31 g, F: 21 g, Kh: 22 g, kJ: 1707, kcal: 408*

1 Den Backofen bei Ober-/Unterhitze auf 80 °C vorheizen. Ketchup mit Brühe und Currypulver in einer größeren Auflaufform mit niedrigem Rand verrühren. Die Form auf dem Rost (mittlere Schiene) in den Backofen schieben.

2 Schweineschulter unter fließendem kalten Wasser abspülen, trockentupfen und Fett und Sehnen abschneiden. Das Fleisch in etwa 3 cm große Würfel schneiden.

3 Paprikaschote halbieren, entstielen, entkernen und die weißen Scheidewände entfernen. Schote waschen, abtropfen lassen und in etwa 3 x 3 cm große Stücke schneiden.

4 Jede Pflaume mit einer Speckscheibe umwickeln. Zwiebel abziehen, vierteln und in Segmente zupfen.

5 Abwechselnd Fleisch-, Paprika- und Zwiebelstücke und umwickelte Pflaumen auf die 4 Schaschlikspieße stecken. Die Spieße mit Salz und Pfeffer bestreuen.

6 Speiseöl in einer großen Pfanne erhitzen und die Spieße darin in etwa 8 Minuten von allen Seiten gut anbraten. Die Spieße in die vorgewärmte Auflaufform legen. Die Form zurück in den Backofen schieben und die Spieße etwa 40 Minuten garen.

Beilage: *Reis.*

# Schweinesteaks mit Steckrüben-Rosenkohl-Gemüse (4 Portionen)

4 Schweinesteaks (je etwa 180 g)
Salz
frisch gemahlener Pfeffer
4 EL Speiseöl, z. B. Rapsöl
250 g Steckrübe
200 g Rosenkohl
150 g kleine Pfifferlinge

Wasser
1 gestr. TL Salz

200 g Schlagsahne

*Zubereitungszeit: 30 Minuten*
*Garzeit: etwa 20 Minuten*

*Pro Portion:*
*E: 42 g, F: 35 g, Kh: 5 g,*
*kJ: 2134, kcal: 509*

1 Den Backofen bei Ober-/Unterhitze auf 80 °C vorheizen. Einen feuerfesten Teller oder eine Auflaufform mit niedrigem Rand auf dem Rost (mittlere Schiene) miterwärmen.

2 Schweinesteaks unter fließendem kalten Wasser abspülen, trockentupfen, mit Salz und Pfeffer würzen.

3 Öl in einer Pfanne erhitzen. Die Schweinesteaks darin etwa 2 Minuten von jeder Seite gut anbraten. Dann die Steaks nebeneinander auf dem vorgewärmten Teller oder in der Auflaufform auf dem Rost in den Backofen schieben und etwa 20 Minuten garen. Pfanne mit dem Bratensatz beiseite stellen.

4 Steckrübe schälen, abspülen, abtropfen lassen und in Würfel schneiden. Rosenkohl und Pfifferlinge putzen, evtl. kurz abspülen und gut abtropfen lassen.

5 Wasser mit Salz in einem Topf zum Kochen bringen. Rosenkohl und Steckrübenwürfel darin etwa 8 Minuten kochen, dann in einem Sieb abtropfen lassen.

6 Beiseite gestellte Pfanne erhitzen und die Pfifferlinge darin unter Rühren etwa 5 Minuten braten. Rosenkohl und Steckrübenwürfel unterrühren und kurz miterwärmen.

7 Sahne unterrühren, kurz aufkochen lassen und das Gemüse mit Salz und Pfeffer abschmecken. Schweinesteaks auf dem Gemüse servieren.

Beilage: *Petersilien- oder Salzkartoffeln.*

# Fruchtige Nackensteaks
(4 Portionen)

1 Zwiebel
1 kleines Stück Ingwerwurzel (etwa 10 g)
1 Dose Aprikosen (Einwaage 420 g)
180 g Tomatenketchup
Salz
frisch gemahlener Pfeffer
1 Spritzer Tabasco

2 doppelte Nackensteaks (je etwa 400 g)
4 EL Speiseöl, z. B. Rapsöl

1–2 EL Schnittlauchröllchen

*Zubereitungszeit: 30 Minuten*
*Garzeit: etwa 60 Minuten*

*Pro Portion:*
*E: 44 g, F: 30 g, Kh: 39 g, kJ: 2540, kcal: 607*

1 Den Backofen bei Ober-/Unterhitze auf 80 °C vorheizen. Zwiebel abziehen, halbieren und in kleine Würfel schneiden. Ingwer schälen und fein würfeln.

2 Aprikosen mit dem Saft pürieren, mit Ketchup verrühren und mit Ingwer, Salz, Pfeffer und Tabasco abschmecken.

3 Nackensteaks unter fließendem kalten Wasser abspülen, trockentupfen, evtl. vorhandenes Fett abschneiden. Nackensteaks mit Salz und Pfeffer bestreuen. Speiseöl in einem großen flachen Bräter erhitzen. Die Nackensteaks darin von allen Seiten in etwa 10 Minuten gut anbraten.

4 Zwiebelwürfel hinzufügen und kurz unter Rühren ebenfalls anbraten. Aprikosensauce hinzufügen und kurz aufkochen lassen. Den Bräter auf dem Rost (unteres Drittel) in den Backofen schieben und das Fleisch etwa 60 Minuten garen.

5 Die Nackensteaks in Scheiben schneiden und mit Sauce und Schnittlauchröllchen garniert servieren.

Beilage: *Kroketten.*

# Kleine Schweinefleischrouladen
(4 Portionen)

1 Zwiebel
250 g Chicorée
1 EL Speiseöl
100 g gewürfelter gekochter Schinken
50 g Orangenmarmelade
Salz
frisch gemahlener Pfeffer

8 kleine Schweineschnitzel (je etwa 120 g)
50 g süßer Senf
2 EL Speiseöl
300 ml heiße Gemüsebrühe
1–2 EL Crème fraîche

**Außerdem:**
Holzstäbchen

*Zubereitungszeit: 35 Minuten*
*Garzeit: etwa 3 Stunden*

*Pro Portion:*
*E: 49 g, F: 13 g, Kh: 9 g, kJ: 1477, kcal: 353*

Beilage: *Kartoffeln, Tomatensalat mit Frühlingszwiebelringen.*

1 Zwiebel abziehen, halbieren, fein würfeln. Chicorée von schlechten Blättern befreien, der Länge nach halbieren, die bitteren Strünke keilförmig herausschneiden. Chicorée waschen, abtropfen lassen und in feine Streifen schneiden.

2 Speiseöl in einer Pfanne erhitzen. Zwiebelwürfel darin glasig dünsten. Chicoréestreifen hinzufügen und zugedeckt etwa 5 Minuten dünsten. Schinkenwürfel und Marmelade unterrühren und kurz aufkochen lassen. Mit Salz und Pfeffer würzen. Chicoréemasse in einem Sieb abtropfen lassen, den Sud dabei auffangen und beiseite stellen.

3 Den Backofen bei Ober-/Unterhitze auf 80 °C vorheizen. Einen großen feuerfesten Teller oder eine Auflaufform mit niedrigem Rand auf dem Rost (mittlere Schiene) mitерwärmen.

4 Schnitzel unter fließendem kalten Wasser abspülen, trockentupfen und nebeneinander auf eine Arbeitsfläche legen. Mit Salz bestreuen und mit Senf bestreichen. Chicoréemasse auf den Schnitzelscheiben verteilen und von der kurzen Seite aus aufrollen. Mit Holzstäbchen feststecken.

5 Speiseöl in einer Pfanne erhitzen. Rouladen evtl. portionsweise von allen Seiten darin in etwa 8 Minuten gut anbraten. Dann die Rouladen auf dem vorgewärmten Teller oder in der Auflaufform in den Backofen schieben und etwa 3 Stunden garen. Pfanne mit dem Bratensatz beiseite stellen.

6 Etwa 20 Minuten vor dem Ende der Garzeit die beiseite gestellte Pfanne mit dem Bratensatz erhitzen. Brühe und den beiseite gestellten Chicoréesud in den Bratensatz einrühren und kurz aufkochen lassen. Crème fraîche unterrühren und die Sauce mit Salz und Pfeffer abschmecken.

7 Rouladen aus dem Backofen nehmen. Holzstäbchen entfernen. Ausgetretenen Bratensaft in die Sauce einrühren.

# Schweinerollbraten
(4 Portionen)

1 Zwiebel
850 g Schweinerollbraten
Salz
frisch gemahlener Pfeffer
4 EL Speiseöl, z. B. Rapsöl

400 g Champignons
30 g Butter
400 g Möhren
1 kleiner Blumenkohl
Wasser
1 gestr. TL Salz

250 ml (¼ l) Fleischbrühe
2 EL Crème fraîche

1 EL gehackte Petersilie

*Zubereitungszeit: 45 Minuten*
*Garzeit: etwa 4 ½ Stunden*

*Pro Portion:*
*E: 52 g, F: 39 g, Kh: 8 g,*
*kJ: 2492, kcal: 598*

1 Den Backofen bei Ober-/Unterhitze auf 80 °C vorheizen. Zwiebel abziehen und würfeln. Rollbraten unter fließendem kalten Wasser abspülen, trockentupfen, mit Salz und Pfeffer würzen.

2 Speiseöl in einem großen flachen Bräter erhitzen. Den Rollbraten darin von allen Seiten in etwa 8 Minuten gut anbraten. Zwiebelwürfel hinzufügen und kurz mitbraten. Den Bräter auf dem Rost (unteres Drittel) in den Backofen schieben. Den Rollbraten etwa 4 ½ Stunden garen.

3 Etwa 1 Stunde vor dem Ende der Garzeit Champignons putzen, mit Küchenpapier abreiben, evtl. abspülen und abtropfen lassen. Große Champignons halbieren.

4 Butter in einer Pfanne zerlassen und die Champignons darin anbraten, mit Salz und Pfeffer würzen. Champignons mit in den Bräter geben. Den Bräter zurück in den Backofen schieben und das Fleisch zu Ende garen. Die Pfanne beiseite stellen.

5 Möhren putzen, schälen, abspülen, abtropfen lassen und in etwa 1 cm dicke Scheiben schneiden. Vom Blumenkohl die Blätter und schlechten Stellen entfernen, den Strunk abschneiden und den Blumenkohl in Röschen teilen. Röschen waschen und abtropfen lassen.

6 Wasser mit Salz in einem Topf zum Kochen bringen und nacheinander die Blumenkohlröschen etwa 10 Minuten, die Möhrenscheiben etwa 7 Minuten kochen. Das Gemüse abtropfen lassen und warm stellen.

7 Beiseite gestellte Pfanne erwärmen, Fleischbrühe hinzugießen und kurz aufkochen. Crème fraîche einrühren, Sauce mit Salz und Pfeffer abschmecken. Rollbraten in Scheiben schneiden, mit Sauce, Champignons und mit Petersilie bestreutem Gemüse servieren.

# Schweinehaxe mit Linsengemüse
(4 Portionen)

2 Zwiebeln
1 kg Schweinehinterhaxenfleisch, ohne Knochen, Fett und Schwarte
Salz
frisch gemahlener Pfeffer
5 EL Speiseöl, z. B. Rapsöl
180 g Knollensellerie
300 g Möhren
200 g Pardina-Linsen oder rote Linsen
350 ml heiße Hühnerbrühe
1 Porreestange (Lauch)
50 ml Sojasauce
1 EL Honig

*Zubereitungszeit: 30 Minuten*
*Garzeit: etwa 5 ½ Stunden*

*Pro Portion:*
*E: 67 g, F: 31 g, Kh: 30 g, kJ: 2808, kcal: 671*

1 Den Backofen bei Ober-/Unterhitze auf 80 °C vorheizen. Zwiebeln abziehen und würfeln.

2 Fleisch unter fließendem kalten Wasser abspülen, trockentupfen und mit Salz und Pfeffer bestreuen.

3 Speiseöl in einem großen flachen Bräter erhitzen. Das Fleisch darin von allen Seiten in etwa 10 Minuten gut anbraten. Zwiebelwürfel hinzufügen und kurz mitbraten.

4 Den Bräter auf dem Rost (unteres Drittel) in den Backofen schieben und das Fleisch etwa 5 ½ Stunden garen.

5 Etwa 2 Stunden vor dem Ende der Garzeit Sellerie und Möhren putzen, schälen, abspülen und in kleine Würfel schneiden. Gemüsewürfel mit den Linsen zum Fleisch in den Bräter geben. Heiße Hühnerbrühe dazugießen. Den Bräter zurück in den Backofen schieben und das Fleisch weitergaren.

6 Etwa 1 Stunde vor dem Ende der Garzeit von der Porreestange die Außenblätter entfernen, Wurzelende und dunkles Grün abschneiden, die Stange seitlich einschneiden, gründlich waschen und abtropfen lassen. Porree in feine Scheiben schneiden und mit in den Bräter geben. Den Bräter zurück in den Backofen schieben und das Fleisch zu Ende garen.

7 Das Linsengemüse mit Sojasauce, Honig, Salz und Pfeffer abschmecken. Den Schweinehaxenbraten in Scheiben schneiden und mit dem Linsengemüse servieren.

Beilage: *Petersilienkartoffeln.*

# Kasselerbraten mit Chutneykruste

(4 Portionen)

800 g Kasseler Kotelettstück ohne Knochen
1 säuerlicher Apfel
1 Zwiebel
2 EL Olivenöl
200 ml Cidre (Apfelwein)
100 ml trockener Rotwein

1 Chilischote
1 Zwiebel
50 g Walnusskernhälften
2 Scheiben Toastbrot
1 Glas Mango-Chutney (230 g)

*Zubereitungszeit: 30 Minuten*
*Garzeit: etwa 3 ½ Stunden*

*Pro Portion:*
*E: 31 g, F: 24 g, Kh: 28 g, kJ: 2009, kcal: 479*

1 Den Backofen bei Ober-/Unterhitze auf 80 °C vorheizen. Kasseler unter fließendem kalten Wasser abspülen und trockentupfen, evtl. vorhandenes Fett abschneiden.

2 Apfel vierteln, schälen, das Kerngehäuse herausschneiden. Apfelviertel in Würfel schneiden. Zwiebel abziehen und fein würfeln. Olivenöl in einem Bräter mit flachem Rand erhitzen. Das Kasseler darin in etwa 10 Minuten von allen Seiten gut anbraten.

3 Apfel- und Zwiebelwürfel hinzufügen, kurz mitbraten. Cidre und Rotwein unterrühren und aufkochen lassen.

4 Chilischote halbieren, entkernen, abspülen, abtropfen lassen und in kleine Stücke schneiden. Zwiebel abziehen, halbieren und in feine Würfel schneiden. Walnusskerne grob hacken. Toastscheiben in kleine Stücke schneiden.

5 Mango-Chutney mit Chilistücken, Zwiebelwürfeln, gehackten Walnusskernen und Toaststücken vermischen und die Masse auf die Kasseleroberfläche streichen.

6 Den Bräter auf dem Rost (unteres Drittel) in den Backofen schieben und das Kasseler etwa 3 ½ Stunden garen.

Tipp: *Mit Mischbrot servieren.*

# Gyros-Braten
(4 Portionen)

750 g Schweinefleisch
aus der Keule
Salz
frisch gemahlener Pfeffer
100 g Feta-Käse
400 g Krautsalat
5 EL Olivenöl
1-2 TL Gyros-Gewürzmischung
2 Gemüsezwiebeln
400 g Tsatsiki

*Zubereitungszeit: 30 Minuten*
*Garzeit: etwa 5 ½ Stunden*

*Pro Portion:*
*E: 51 g, F: 42 g, Kh: 30 g,*
*kJ: 3091, kcal: 739*

1 Den Backofen bei Ober-/Unterhitze auf 80 °C vorheizen. Fleisch unter fließendem kalten Wasser abspülen und trockentupfen, evtl. vorhandenes Fett abschneiden. Das Fleisch der Länge nach waagerecht so einschneiden, dass es an der anderen Seite noch zusammen hält.

2 Das Fleisch aufklappen und etwas flach klopfen. Fleisch mit Salz und Pfeffer bestreuen. Feta-Käse in etwa 1 cm breite Streifen schneiden. Das Fleisch mit der Hälfte vom Krautsalat und den Feta-Streifen belegen. Das Fleisch von der längeren Seite her fest aufrollen und mit Küchengarn zusammenbinden.

3 Öl in einem großen flachen Bräter erhitzen. Die Fleischrolle mit der Gyros-Gewürzmischung bestreuen und in der Pfanne von allen Seiten in etwa 10 Minuten gut anbraten. Zwiebeln abziehen, halbieren und in Scheiben schneiden. Zwiebelscheiben in den Bräter geben und mitbraten.

4 Den Bräter auf dem Rost (unteres Drittel) in den Backofen schieben und den Braten etwa 5 ½ Stunden garen.

5 Etwa 1 ½ Stunden vor dem Ende der Garzeit den restlichen Krautsalat und den Tsatsiki mit in den Bräter geben. Den Bräter zurück in den Backofen schieben und den Gyros-Braten zu Ende garen.

6 Das Küchengarn entfernen. Den Braten in Scheiben schneiden und mit dem Tsatsiki-Kraut servieren.

Beilage: *Bratkartoffeln.*

# Schweinebraten mit Kräuterkruste
(4 Portionen)

800 g Schweinekotelett
am Stück, ohne Knochen
4 EL Olivenöl

1 Knoblauchzehe
1 Bio-Zitrone (unbehandelt, ungewachst)
1 Rosmarinzweig
1 EL Fenchelsamen
1 EL Koriandersamen
2 EL Olivenöl
Salz
frisch gemahlener Pfeffer

500 g Pfifferlinge
20 g Butter
200 g Schlagsahne
200 ml Fleischbrühe

1 TL Speisestärke oder Weizenmehl
1 EL kaltes Wasser

*Zubereitungszeit: 30 Minuten*
*Garzeit: etwa 4 Stunden*

*Pro Portion:*
*E: 45 g, F: 38 g, Kh: 7 g, kJ: 2330, kcal: 556*

Beilage: *Semmelknödel.*

1 Den Backofen bei Ober-/Unterhitze auf 80 °C vorheizen. Einen feuerfesten Teller oder eine Auflaufform mit niedrigem Rand auf dem Rost (mittlere Schiene) miterwärmen.

2 Das Fleisch unter fließendem kalten Wasser abspülen, trockentupfen und Fett abschneiden. Öl in einer Pfanne erhitzen. Das Fleisch darin in etwa 10 Minuten von allen Seiten gut anbraten.

3 Knoblauchzehe abziehen und fein würfeln. Zitrone heiß abwaschen, abtrocknen und die Zitronenschale fein abreiben. Rosmarin abspülen, trockentupfen und die Nadeln von den Stängeln zupfen. Nadeln fein hacken.

4 Knoblauch mit Fenchel-, Koriandersamen, Zitronenschale und Rosmarin in einem Mörser fein zerreiben, mit Olivenöl verrühren und mit Salz und Pfeffer würzen. Angebratenes Fleisch mit der Mischung bestreichen.

5 Dann das Kräuterfleisch auf dem vorgewärmten Teller oder in der Auflaufform auf dem Rost in den Backofen schieben und etwa 4 Stunden garen.

6 Etwa 45 Minuten vor dem Ende der Garzeit Pfifferlinge putzen, kurz abspülen und auf Küchenpapier abtropfen lassen. Butter in einer Pfanne zerlassen und die Pfifferlinge darin anbraten.

7 Sahne und Brühe unterrühren, die Sauce kurz aufkochen und etwa 5 Minuten köcheln lassen. Stärke oder Mehl mit Wasser anrühren und in die Sauce einrühren. Sauce nochmals kurz aufkochen lassen und mit Salz und Pfeffer abschmecken.

8 Den Schweinebraten mit Kräuterkruste in Scheiben schneiden und mit der Pfifferlingssauce servieren.

# Kasseler mit Kräuter-Pesto
(6 Portionen)

1,25 kg Kasseler-Kotelettstrang (am Stück, ohne Knochen)
frisch gemahlener Pfeffer
2 EL Speiseöl, z. B. Olivenöl

**Für das Pesto:**
50 g Pinienkerne
60 g getrocknete Tomaten in Öl
1 Bund Petersilie
1 Topf Basilikum
1 Bund Schnittlauch
2 Knoblauchzehen
60 g Parmesan-Käse
100 ml Olivenöl
Salz
frisch gemahlener Pfeffer
Paprikapulver edelsüß

*Zubereitungszeit: 20 Minuten*
*Garzeit: etwa 3 Stunden*

*Pro Portion:*
*E: 42 g, F: 45 g, Kh: 4 g, kJ: 2457, kcal: 586*

1 Den Backofen bei Ober-/Unterhitze auf 80 °C vorheizen. Einen großen feuerfesten Teller oder eine Auflaufform mit niedrigem Rand auf dem Rost (mittlere Schiene) miterwärmen.

2 Kasseler unter fließendem kalten Wasser abspülen, trockentupfen und mit Pfeffer bestreuen.

3 Öl in einer Pfanne erhitzen und das Fleisch darin von allen Seiten in etwa 8 Minuten gut anbraten. Dann das angebratene Fleisch auf dem vorgewärmten Teller oder in der Auflaufform in den Backofen schieben und etwa 3 Stunden garen.

4 Etwa 30 Minuten vor dem Ende der Garzeit für das Pesto Pinienkerne in einer Pfanne ohne Fett rösten und etwas abkühlen lassen. Tomaten in einem Sieb abtropfen lassen und in kleine Würfel schneiden. Petersilie, Basilikum und Schnittlauch abspülen und trockentupfen. Einige Basilikumblättchen zum Garnieren beiseite legen. Restliche Kräuter grob hacken. Knoblauch abziehen und fein würfeln. Käse reiben.

5 Vorbereitete Zutaten mit Käse und Öl pürieren (evtl. in 2 Portionen), mit Salz, Pfeffer und Paprika abschmecken.

6 Das Kasseler aus dem Backofen nehmen, in Scheiben schneiden, mit Pesto und beiseite gelegten Basilikumblättchen garniert servieren.

Beilage: *Baguette.*

Tipp: *Das Kasseler schmeckt auch kalt sehr gut. Sie können es bereits am Vortag zubereiten und kalt mit dem Pesto servieren.*

# Kasselerbraten auf Weintrauben-Sauerkraut (4 Portionen)

800 g Kasselerkotelett am Stück, ohne Knochen
frisch gemahlener Pfeffer
2 Zwiebeln
3 EL Speiseöl, z. B. Rapsöl
500 g frisches Sauerkraut
1 kleine Dose Ananas (Abtropfgewicht 140 g)
200 g blaue Weintrauben
250 ml (¼ l) trockener Weißwein
2 Lorbeerblätter
2 EL Zucker
Salz

*Zubereitungszeit: 40 Minuten*
*Garzeit: etwa 3 Stunden*

*Pro Portion:*
*E: 37 g, F: 25 g, Kh: 26 g, kJ: 2207, kcal: 527*

1 Den Backofen bei Ober-/Unterhitze auf 80 °C vorheizen. Kasseler unter fließendem kalten Wasser abspülen, trockentupfen und mit Pfeffer bestreuen. Zwiebeln abziehen, halbieren und in Scheiben schneiden.

2 Speiseöl in einem großen flachen Bräter erhitzen. Das Kasseler darin von allen Seiten in etwa 6 Minuten gut anbraten. Zwiebelscheiben hinzufügen und kurz unter Rühren ebenfalls anbraten.

3 Den Bräter auf dem Rost (unteres Drittel) in den Backofen schieben und das Fleisch etwa 3 Stunden garen.

4 Etwa 1 Stunde vor dem Ende der Garzeit Sauerkraut in einem Sieb abtropfen lassen. Ananas in einem Sieb abtropfen lassen und in kleine Stücke schneiden. Weintrauben waschen, abtropfen lassen, entstielen und halbieren oder vierteln.

5 Sauerkraut mit Ananasstücken, Weintrauben, Wein und Lorbeerblättern zum Kasseler in den Bräter geben, mit Zucker, Salz und Pfeffer würzen. Den Bräter wieder in den Backofen schieben und das Kasseler mit dem Sauerkraut zu Ende garen.

Beilage: *Kartoffeln.*

# Kasselerbraten mit Spitzkohl
(4 Portionen)

800 g Kasselerkotelett am Stück, ohne Knochen
frisch gemahlener Pfeffer
3 Zwiebeln
4 EL Speiseöl, z. B. Rapsöl

1,2 kg Spitzkohl
500 ml (½ l) Wasser
1 gestr. TL Salz

250 g Crème fraîche
Salz
frisch geriebene Muskatnuss

150 ml Fleischbrühe
1 EL mittelscharfer Senf
1 TL Paprikapulver edelsüß

*Zubereitungszeit: 40 Minuten*
*Garzeit: etwa 3 Stunden*

*Pro Portion:*
*E: 42 g, F: 46 g, Kh: 13 g, kJ: 2669, kcal: 640*

1 Den Backofen bei Ober-/Unterhitze auf 80 °C vorheizen. Kasseler unter fließendem kalten Wasser abspülen, trockentupfen und mit Pfeffer bestreuen. Zwiebeln abziehen, halbieren und in Scheiben schneiden.

2 Speiseöl in einem großen flachen Bräter erhitzen. Das Kasseler darin von allen Seiten in etwa 6 Minuten gut anbraten. Zwiebelscheiben hinzufügen und kurz unter Rühren ebenfalls anbraten.

3 Den Bräter auf dem Rost (unteres Drittel) in den Backofen schieben und das Fleisch etwa 3 Stunden garen.

4 Etwa 35 Minuten vor dem Ende der Garzeit vom Spitzkohl die äußeren Blätter entfernen, den Kohl vierteln und den Strunk herausschneiden. Kohlviertel waschen, abtropfen lassen und in mundgerechte Stücke schneiden.

5 Wasser mit Salz in einem Topf zum Kochen bringen und die Kohlstücke portionsweise kurz darin blanchieren. Kohlstücke in ein Sieb geben, mit kaltem Wasser abschrecken und abtropfen lassen.

6 Crème fraîche mit den Kohlstücken in einem Topf unter Rühren erwärmen, etwa 5 Minuten dünsten, mit Salz und Muskatnuss abschmecken und warm stellen.

7 Kasseler aus dem Backofen nehmen, warm stellen. Fleischbrühe in den Bratenfond einrühren und kurz aufkochen lassen. Die Sauce pürieren, mit Senf und Paprikapulver abschmecken. Kasseler in Scheiben schneiden und mit der Sauce und dem Spitzkohl servieren.

Beilage: *Kartoffelpüree.*

# Krustenbraten mit dicken Bohnen

(4–6 Portionen)

1,6 kg gepökelter Schweinekrustenbraten
frisch gemahlener Pfeffer
1–2 TL Gyrosgewürzmischung
5 Zwiebeln
4 EL Speiseöl, z. B. Olivenöl

3 kg frische dicke Bohnen
1 Topf Bohnenkraut
3 EL Speiseöl, z. B. Olivenöl
120 g gewürfelter roher Schinken
150 ml Wasser
150 g Schlagsahne
1 gestr. TL Salz

250 ml (¼ l) Fleischbrühe
1 EL Weizenmehl
2 EL kaltes Wasser

*Zubereitungszeit: 15 Minuten*
*Garzeit: etwa 5 Stunden*

*Pro Portion:*
*E: 75 g, F: 47 g, Kh: 43 g, kJ: 3747, kcal: 895*

Tipp: *Sie können auch 2 Gläser (Abtropfgewicht je 360 g) dicke Bohnen verwenden. Lassen Sie unter Punkt 5 die Bohnen etwa 20 Minuten vor dem Ende der Garzeit abtropfen. Geben Sie die Bohnen nur mit Sahne und Bohnenkraut zu den angebratenen Zwiebel- und Schinkenwürfeln. Köcheln Sie die Bohnen etwa 5 Minuten.*

1 Den Backofen bei Ober-/Unterhitze auf 80 °C vorheizen. Vom Krustenbraten Schwarte und Fett abschneiden. Fleisch unter fließendem kalten Wasser abspülen, trockentupfen, mit Pfeffer und Gyrosgewürzmischung bestreuen.

2 Zwiebeln abziehen und in Würfel schneiden. Speiseöl in einem großen flachen Bräter erhitzen. Das Fleisch darin in etwa 10 Minuten von allen Seiten gut anbraten. Etwa zwei Drittel der Zwiebelwürfel hinzugeben und kurz mit anbraten.

3 Den Bräter auf dem Rost (unteres Drittel) in den Backofen schieben und das Fleisch etwa 5 Stunden garen.

4 Etwa 1 Stunde vor dem Ende der Garzeit die Bohnenkerne aus den Hülsen palen. Bohnenkraut abspülen und trockentupfen.

5 Öl in einem Topf erhitzen. Die restlichen Zwiebel- und die Schinkenwürfel darin anbraten. Bohnenkerne, Bohnenkraut, Wasser, Sahne und Salz hinzufügen, zum Kochen bringen und zugedeckt etwa 20 Minuten köcheln lassen. Bohnenkraut entfernen, die Bohnen mit Salz und Pfeffer würzen.

6 Das Fleisch aus dem Backofen nehmen, warm stellen. Fleischbrühe in den Bratenfond einrühren und zum Kochen bringen. Mehl mit Wasser anrühren, in die Sauce einrühren und kurz aufkochen lassen, mit Salz und Pfeffer würzen.

7 Den Krustenbraten in Scheiben schneiden, mit der Sauce und den dicken Bohnen servieren.

Beilage: *Kartoffelpüree.*

# Schweinebraten mit Rahmchampignons
(4 Portionen)

800 g Schweinekotelett am Stück, ohne Knochen
Salz
frisch gemahlener Pfeffer
4 EL Speiseöl, z. B. Olivenöl

2 rote Zwiebeln
1 Knoblauchzehe
800 g Champignons
125 g gewürfelter roher Schinken
250 g Crème fraîche
1 EL Paprikapulver edelsüß
1 EL gehackte Petersilienblättchen

*Zubereitungszeit: 15 Minuten*
*Garzeit: etwa 3 Stunden*

*Pro Portion:*
*E: 59 g, F: 41 g, Kh: 6 g, kJ: 2597, kcal: 623*

1 Den Backofen bei Ober-/Unterhitze auf 80 °C vorheizen. Einen großen feuerfesten Teller oder eine Auflaufform mit niedrigem Rand auf dem Rost (mittlere Schiene) miterwärmen. Fleisch unter fließendem kalten Wasser abspülen, trockentupfen und mit Salz und Pfeffer bestreuen.

2 Speiseöl in einer Pfanne erhitzen und das Fleisch darin von allen Seiten in etwa 10 Minuten gut anbraten. Dann das angebratene Fleisch auf dem vorgewärmten Teller oder in der Auflaufform in den Backofen schieben und etwa 3 Stunden garen. Pfanne mit dem Bratensatz beiseite stellen.

3 Etwa 40 Minuten vor dem Ende der Garzeit Zwiebeln und Knoblauch abziehen und in kleine Würfel schneiden. Champignons putzen, mit Küchenpapier abreiben, evtl. abspülen, abtropfen lassen und in Scheiben schneiden.

4 Beiseite gestellte Pfanne mit dem Bratensatz erhitzen und die Knoblauch- und Zwiebelwürfel darin andünsten. Schinkenwürfel und Champignonscheiben nacheinander hinzufügen und anbraten. Crème fraîche unterrühren und die Champignons etwa 5 Minuten garen. Rahmchampignons mit Salz, Pfeffer und Paprikapulver würzen und warm stellen.

5 Schweinebraten aus dem Backofen nehmen, in Scheiben schneiden. Champignons mit Petersilienblättchen bestreuen.

Beilage: *Geröstete Baguettescheiben und gemischter Salat.*

# Zigeunerbraten
(6 Portionen)

2 Stücke Dicke Rippe (je etwa 1 kg)
Salz
frisch gemahlener Pfeffer
1 Zwiebel
je ½ grüne, rote und gelbe Paprikaschote
1 kleines Glas Champignonscheiben (Abtropfgewicht 265 g)
1 kleines Glas Silberzwiebeln (Abtropfgewicht 115 g)
4 EL Speiseöl, z. B. Rapsöl
½ gestr. TL Paprikapulver edelsüß
¼ gestr. TL Cayennepfeffer
200 ml Fleischbrühe
1 Glas Zigeunersauce (500 g)

**Außerdem:**
evtl. Küchengarn

*Zubereitungszeit: 50 Minuten*
*Garzeit: etwa 4 ½ Stunden*

*Pro Portion:*
*E: 57 g, F: 30 g, Kh: 10 g, kJ: 2243, kcal: 536*

Beilage: *Reis oder Fladenbrot.*

1 Dicke Rippe unter fließendem kalten Wasser abspülen und trockentupfen. Das Fleisch oberhalb der Knochen so einschneiden, dass eine Tasche entsteht (evtl. vom Metzger einschneiden lassen). Das Fleisch von innen und außen mit Salz und Pfeffer einreiben.

2 Zwiebel abziehen, halbieren und in Scheiben schneiden. Paprikaschoten entstielen, entkernen, die weißen Scheidewände entfernen, die Schoten waschen und in Streifen schneiden. Champignonscheiben und Silberzwiebeln in einem Sieb abtropfen lassen.

3 Den Backofen bei Ober-/Unterhitze auf 80 °C vorheizen. Die Hälfte des Öls in einer großen Pfanne erhitzen. Zwiebelscheiben darin andünsten. Paprikastreifen hinzufügen und mit andünsten. Champignonscheiben und Silberzwiebeln zugeben und miterhitzen. Die Mischung mit Salz, Pfeffer, Paprikapulver und Cayennepfeffer würzen.

4 Etwa zwei Drittel der Mischung in die Fleischtaschen geben. Die Öffnungen evtl. mit Küchengarn zunähen oder gut feststecken. Restliches Speiseöl in einem Bräter erhitzen und die gefüllten Fleischstücke darin in etwa 10 Minuten von allen Seiten anbraten. Den Bräter auf dem Rost in den Backofen schieben und die Rippen etwa 4 ½ Stunden garen.

5 Etwa eine Stunde vor dem Ende der Garzeit die restliche Mischung und die Fleischbrühe zu den Rippen in den Bräter geben. Den Bräter wieder in den Backofen schieben.

6 Nach dem Ende der Garzeit die Bratenstücke aus dem Backofen nehmen. Die Zigeunersauce in die Gemüsesauce einrühren und kurz aufkochen lassen, evtl. nochmals mit den Gewürzen abschmecken. Das Fleisch in Scheiben schneiden und mit der Sauce servieren.

# Schulterbraten mit Spitzpaprika
(4 Portionen)

800 g magere Schweineschulter
2 EL Gyrosgewürzmischung
1 Gemüsezwiebel
2 Knoblauchzehen
5 EL Speiseöl, z. B. Rapsöl
1 EL Tomatenmark

600 g grüne Spitzpaprikaschoten
3 EL Speiseöl, z. B. Rapsöl
1 EL Gyrosgewürzmischung

200 ml Gemüsebrühe
Salz
frisch gemahlener Pfeffer

*Zubereitungszeit: 20 Minuten*
*Garzeit: etwa 4 Stunden*

*Pro Portion:*
*E: 43 g, F: 38 g, Kh: 11 g,*
*kJ: 2333, kcal: 558*

1 Den Backofen bei Ober-/Unterhitze auf 80 °C vorheizen. Von der Schulter Fett und Sehnen entfernen. Fleisch unter fließendem kalten Wasser abspülen, trockentupfen und mit der Gyrosgewürzmischung bestreuen.

2 Zwiebel und Knoblauch abziehen und in kleine Würfel schneiden. Speiseöl in einem großen flachen Bräter erhitzen. Das Fleisch darin in etwa 8 Minuten von allen Seiten gut anbraten. Zwiebel- und Knoblauchwürfel hinzugeben und kurz mit anbraten.

3 Den Bräter auf dem Rost (unteres Drittel) in den Backofen schieben und das Fleisch etwa 4 Stunden garen. Nach 2 Stunden Garzeit die Schulter einmal wenden und das Tomatenmark unter die Zwiebelmischung rühren.

4 Etwa 25 Minuten vor dem Ende der Garzeit Paprikaschoten halbieren, entstielen, entkernen und die weißen Scheidewände entfernen. Die Schoten waschen, abtropfen lassen und in mundgerechte Stücke schneiden.

5 Speiseöl in einem Topf erhitzen und die Paprikastücke darin kurz anbraten. Gyrosgewürzmischung unterrühren und die Paprikastücke unter gelegentlichem Rühren etwa 5 Minuten dünsten. Eventuell etwas Wasser hinzugeben.

6 Den Braten aus dem Backofen nehmen und warm stellen. Brühe in den Bratenfond einrühren und kurz aufkochen lassen. Die Sauce mit Salz und Pfeffer abschmecken.

7 Den Schulterbraten in Scheiben schneiden und mit Sauce und Paprikagemüse servieren.

Beilage: *Salzkartoffeln.*

# Schinkenbraten „Hawaii"
(4 Portionen)

800 g Schweinefleisch (aus der Oberschale)
Salz
frisch gemahlener Pfeffer
3 EL Speiseöl, z. B. Rapsöl
1 Dose Ananasscheiben (Abtropfgewicht 360 g)
12 Gewürznelken

2 Dosen Sauerkraut (Einwaage je 360 g)
etwa 30 Gewürznelken
1 Lorbeerblatt
100 ml Fleischbrühe

*Zubereitungszeit: 20 Minuten*
*Garzeit: etwa 5 Stunden*

*Pro Portion:*
*E: 47 g, F: 12 g, Kh: 34 g, kJ: 1845, kcal: 440*

1 Den Backofengrill auf etwa 240 °C vorheizen. Das Fleisch unter fließendem kalten Wasser abspülen, trockentupfen und mit Salz und Pfeffer bestreuen.

2 Öl in einem großen flachen Bräter erhitzen. Fleisch darin in etwa 10 Minuten von allen Seiten gut anbraten.

3 Ananas in einem Sieb gut abtropfen lassen, dabei den Saft auffangen. Ananasscheiben halbieren und in Stücke schneiden. Das angebratene Schweinefleisch in gleichmäßigen Abständen mit einem scharfen Messer etwa 1 cm tief einschneiden (etwa 12 Einschnitte).

4 Jeweils ein Ananasstück in einen Einschnitt legen. Das Fleisch gleichmäßig mit Gewürznelken spicken.

5 Den Bräter auf dem Rost (mittlere Schiene) in den Backofen unter den Grill schieben und etwa 10 Minuten grillen. Grill ausschalten. Backofen auf Ober-/Unterhitze 80 °C einstellen. Dabei die Backofentür einen kleinen Spalt öffnen, bis der Backofen die 80 °C erreicht hat. Backofentür wieder schließen und den Braten etwa 5 Stunden garen.

6 Nach etwa 2 Stunden Garzeit das Sauerkraut mit einer Gabel etwas auseinander zupfen. Die restlichen Ananasstücke, Ananassaft, Nelken, Lorbeerblatt und Fleischbrühe mit dem Sauerkraut in den Bräter zum Schinkenbraten geben. Den Bräter zurück in den Backofen schieben.

7 Den Schinkenbraten aus dem Backofen nehmen und in Scheiben schneiden. Sauerkrautmischung mit Pfeffer abschmecken und zu dem Schinkenbraten servieren.

Beilage: *Bauernbrot.*

# Schweinebraten mit Rotkohl
(6 Portionen)

1,4 kg Schweinefleisch (aus der Unterschale)
Salz, frisch gemahlener Pfeffer
4 Zwiebeln
150 g Knollensellerie
4 EL Speiseöl, z. B. Rapsöl
1 EL Tomatenmark
1 EL mittelscharfer Senf

1 Kopf Rotkohl (etwa 1,4 kg)
50 g Schweineschmalz
120 g gewürfelter roher Schinken
75 ml Rotweinessig
500 ml (½ l) Fleischbrühe
8 Gewürznelken
3 Lorbeerblätter
¼ gestr. TL gemahlener Zimt
1 gestr. EL Zucker
2 Äpfel
120 g Johannisbeergelee

250 ml (¼ l) Fleischbrühe
100 g Schlagsahne

*Zubereitungszeit: 20 Minuten*
*Garzeit: etwa 5 Stunden*

*Pro Portion:*
*E: 58 g, F: 35 g, Kh: 28 g, kJ: 2774, kcal: 664*

Beilage: *Semmelknödel.*

1 Den Backofen bei Ober-/Unterhitze auf 80 °C vorheizen. Das Fleisch unter fließendem kalten Wasser abspülen, trockentupfen und mit Salz und Pfeffer bestreuen.

2 Zwiebeln abziehen, halbieren und in kleine Würfel schneiden. Sellerie schälen, abspülen, abtropfen lassen und in etwa 1 cm große Würfel schneiden. Speiseöl in einem großen flachen Bräter erhitzen. Das Fleisch darin in etwa 10 Minuten von allen Seiten gut anbraten.

3 Etwa die Hälfte der Zwiebelwürfel und die Selleriewürfel hinzugeben und kurz mit anbraten. Tomatenmark und Senf unterrühren. Den Bräter auf dem Rost (unteres Drittel) in den Backofen schieben und das Fleisch etwa 5 Stunden garen.

4 Etwa eine Stunde vor dem Ende der Garzeit vom Rotkohl die groben äußeren Blätter entfernen, den Kohl vierteln und den Strunk herausschneiden. Kohlviertel waschen, abtropfen lassen und in feine Streifen schneiden.

5 Schweineschmalz in einem Topf zerlassen. Restliche Zwiebelwürfel und die Schinkenwürfel darin anbraten. Essig und Fleischbrühe hinzugießen. Rotkohlstreifen, Nelken, Lorbeerblätter, Zimt, Zucker und Pfeffer hinzufügen. Das Ganze einmal aufkochen lassen und zugedeckt etwa 40 Minuten köcheln lassen.

6 Äpfel schälen, halbieren, entkernen und in kleine Würfel schneiden. Apfelwürfel mit dem Johannisbeergelee unter den Rotkohl rühren, nochmals kurz aufkochen lassen und mit Salz und Pfeffer abschmecken.

7 Den Schweinebraten aus dem Backofen nehmen und warm stellen. Fleischbrühe in den Bratensatz einrühren und zum Kochen bringen. Sahne einrühren und die Sauce mit Salz und Pfeffer abschmecken. Schweinebraten in Scheiben schneiden und mit dem Rotkohl und der Sauce servieren.

# Schweinerollbraten mit Backobst

(4–6 Portionen)

1,2 kg Schweineschulter
Salz
frisch gemahlener Pfeffer
½ gest. TL Pul Biber
(geschrotete Pfefferschoten)
150 g Backobst
3 EL Speiseöl, z. B. Rapsöl

2 Zwiebeln
350 ml trockener Rotwein
350 ml Fleischbrühe
250 g Backobst

1 EL Speisestärke
1 EL kaltes Wasser

gemahlener Piment

*Zubereitungszeit: 30 Minuten*
*Garzeit: etwa 5 Stunden*

*Pro Portion:*
*E: 51 g, F: 27 g, Kh: 45 g,*
*kJ: 2847, kcal: 681*

1 Den Backofen bei Ober-/Unterhitze auf 80 °C vorheizen. Einen großen feuerfesten Teller oder eine Auflaufform mit niedrigem Rand auf dem Rost (mittlere Schiene) miterwärmen.

2 Von der Schweineschulter Fett und Sehnen entfernen. Schweineschulter unter fließendem kalten Wasser abspülen, trockentupfen, evtl. etwas flach klopfen und mit Salz, Pfeffer und Pul Biber bestreuen.

3 Backobst in die Mitte des Fleischstückes legen. Das Fleisch von der breiten Seite aus aufrollen und mit Küchengarn zusammenbinden.

4 Speiseöl in einer Pfanne erhitzen und den Rollbraten darin von allen Seiten in etwa 12 Minuten gut anbraten. Dann den Rollbraten auf dem vorgewärmten Teller oder in der Auflaufform in den Backofen schieben und etwa 5 Stunden garen. Pfanne mit dem Bratensatz beiseite stellen.

5 Etwa 25 Minuten vor dem Ende der Garzeit Zwiebeln abziehen, halbieren und in kleine Würfel schneiden. Beiseite gestellte Pfanne mit dem Bratensatz erhitzen und die Zwiebelwürfel darin anbraten. Rotwein und Fleischbrühe unter Rühren hinzugießen. Backobst ebenfalls in die Pfanne geben und das Ganze aufkochen lassen.

6 Speisestärke mit Wasser anrühren und in die Sauce einrühren, kurz aufkochen lassen. Sauce mit Salz, Pfeffer, Pul Biber und Piment abschmecken.

7 Den Rollbraten aus dem Backofen nehmen. Bratensaft in die Sauce einrühren. Braten in Scheiben schneiden und mit der Sauce servieren.

Beilage: *Böhmische Knödel.*

# Schweinehaxen in Biersauce mit Jägerkohl
(6 Portionen)

4 Schweinehinterhaxen (etwa 3,6 kg)
Salz
frisch gemahlener Pfeffer
gemahlener Kümmel
4 EL Speiseöl, z. B. Rapsöl

4 Zwiebeln
1 Kopf Weißkohl (etwa 1,2 kg)
50 g Schweineschmalz
150 g gewürfelter roher Schinken
100 ml Gemüsebrühe

1 EL Tomatenmark
1 EL Paprikapulver edelsüß
500 ml (½ l) Schwarzbier
250 ml (¼ l) Fleischbrühe
1 EL Speisestärke
1–2 EL kaltes Wasser

*Zubereitungszeit: 20 Minuten*
*Garzeit: etwa 7 Stunden*

*Pro Portion:*
*E: 90 g, F: 60 g, Kh: 14 g,*
*kJ: 4083, kcal: 974*

1 Den Backofen bei Ober-/Unterhitze auf 80 °C vorheizen. Von den Haxen die Schwarte und das Fett entfernen. Die Haxen unter fließendem kalten Wasser abspülen, trockentupfen und mit Salz, Pfeffer und Kümmel bestreuen.

2 Öl in einem großen flachen Bräter erhitzen. Die Haxen darin in etwa 12 Minuten von allen Seiten gut anbraten.

3 Den Bräter auf dem Rost (unteres Drittel) in den Backofen schieben und die Haxen etwa 7 Stunden garen. Die Haxen nach der Hälfte der Garzeit einmal wenden.

4 Etwa 40 Minuten vor dem Ende der Garzeit Zwiebeln abziehen, halbieren und fein würfeln. Weißkohl putzen, vierteln und den Strunk herausschneiden. Kohlviertel waschen, abtropfen lassen und in feine Streifen schneiden.

5 Schmalz in einem großen Topf zerlassen und die Zwiebel- und Schinkenwürfel darin andünsten. Weißkohlstreifen hinzufügen und ebenfalls unter Rühren andünsten. Gemüsebrühe hinzugießen. Kohl mit Salz, Pfeffer und Kümmel würzen und zugedeckt bei mittlerer Hitze etwa 20 Minuten dünsten. Dabei den Kohl gelegentlich umrühren.

6 Die Haxen aus dem Backofen nehmen und warm stellen. Tomatenmark und Paprikapulver in den Bratenfond einrühren. Schwarzbier und Fleischbrühe hinzugießen, die Sauce zum Kochen bringen.

7 Speisestärke mit Wasser anrühren, in die Sauce einrühren und kurz aufkochen lassen. Die Biersauce mit Salz und Pfeffer abschmecken. Das Fleisch von den Knochen schneiden und mit Jägerkohl und Biersauce servieren.

Beilage: *Salzkartoffeln.*

# Schweinefilet in Crème-fraîche-Sauce mit Selleriegemüse (4 Portionen)

800 g Schweinefilet
Salz
frisch gemahlener Pfeffer
3 EL Speiseöl, z. B. Rapsöl

750 g Staudensellerie
5 EL Wasser
1 gestr. TL Salz
½ gestr. TL Zucker
frisch geriebene Muskatnuss

1 Zwiebel
1 Becher (150 g) Crème fraîche
75 ml Gemüsebrühe

*Zubereitungszeit: etwa 60 Minuten*
*Garzeit: etwa 40 Minuten*

*Pro Portion:*
*E: 45 g, F: 23 g, Kh: 5 g, kJ: 1715, kcal: 412*

Beilage: *Bratkartoffeln.*

Tipp: *Die Sauce zusätzlich mit 4 Teelöffeln Senf, z. B. Dijon Senf, abschmecken.*

1 Den Backofen bei Ober-/Unterhitze auf 80 °C vorheizen. Einen großen feuerfesten Teller oder eine Auflaufform mit niedrigem Rand auf dem Rost (mittlere Schiene) miterwärmen.

2 Schweinefilet evtl. enthäuten. Schweinefilet unter fließendem kalten Wasser abspülen, trockentupfen und mit Salz und Pfeffer bestreuen.

3 Speiseöl in einer Pfanne erhitzen und das Schweinefilet darin von allen Seiten in etwa 6 Minuten gut anbraten. Dann das angebratene Fleisch auf dem vorgewärmten Teller oder in der Auflaufform in den Backofen schieben und etwa 40 Minuten garen. Pfanne mit dem Bratensatz beiseite stellen.

4 In der Zwischenzeit Staudensellerie putzen, waschen, abtropfen lassen und die harten Außenfäden abziehen. Etwas Selleriegrün abspülen, trockentupfen, zum Garnieren beiseite legen. Die Stangen in 2 cm lange Stücke schneiden.

5 Selleriestücke mit Wasser, Salz, Zucker und Muskat in einem Topf zum Kochen bringen und zugedeckt etwa 7 Minuten köcheln lassen.

6 Zwiebel abziehen, halbieren und in kleine Würfel schneiden. Beiseite gestellte Pfanne mit dem Bratensatz erhitzen und die Zwiebelwürfel darin anbraten. Crème fraîche und Gemüsebrühe unter Rühren hinzugeben und die Sauce aufkochen lassen. Sauce mit Salz und Pfeffer abschmecken.

7 Schweinefilet aus dem Backofen nehmen und in Scheiben schneiden. Bratensaft mit in die Sauce einrühren. Schweinefilet mit Crème-fraîche-Sauce, Selleriegemüse und beiseite gelegtem Selleriegrün garniert servieren.

# Mariniertes Kräuterfleisch
(6 Portionen)

600 g Schweinefilet
600 g Roastbeef
Salz
frisch gemahlener Pfeffer
6 EL Speiseöl

**Für die Marinade:**
4 EL Rotweinessig
2 TL Dijon-Senf
3 TL rosa Pfefferbeeren
6 EL Speiseöl
2 EL gehackte Petersilie
2 EL gehackter Dill
2 EL gehackter Kerbel
2 EL feine Schnittlauchröllchen

*Zubereitungszeit: 40 Minuten, ohne Durchziehzeit*
*Garzeit: etwa 1 Stunde für das Schweinefilet, etwa 3 Stunden für das Roastbeef*

*Pro Portion:*
*E: 45 g, F: 19 g, Kh: 1 g, kJ: 1503, kcal: 359*

1 Den Backofen bei Ober-/Unterhitze auf 80 °C vorheizen. Einen großen feuerfesten Teller oder eine Auflaufform mit niedrigem Rand auf dem Rost (mittlere Schiene) miterwärmen.

2 Fleisch evtl. enthäuten, unter fließendem kalten Wasser abspülen, trockentupfen und mit Salz und Pfeffer würzen.

3 Öl in einer Pfanne erhitzen. Fleisch darin von allen Seiten in etwa 8 Minuten gut anbraten, auf dem vorgewärmten Teller oder in der Auflaufform in den Backofen schieben. Filet etwa 1 Stunde, Roastbeef etwa 3 Stunden garen.

4 Fleisch aus dem Backofen nehmen, abkühlen lassen, in ½ cm dicke Scheiben schneiden, in eine Schale legen.

5 Für die Marinade Essig mit Senf, Bratensaft und Pfefferbeeren verrühren. Öl unterschlagen. Marinade mit Salz, Pfeffer, Petersilie, Dill, Kerbel und Schnittlauch abschmecken und mit dem Fleisch vermengen, mindestens 3–4 Stunden durchziehen lassen. Fleisch gelegentlich wenden.

6 Kräuterfleisch nochmals mit Salz, Pfeffer und Rotweinessig abschmecken, mit der Marinade anrichten.

Beilage: *Baguette und Salat.*

Tipp: *Sie können das Fleisch bereits am Vortag zubereiten und über Nacht marinieren.*

# Barbecuebraten
(4 Portionen)

etwa 800 g Schweinerollbraten
1 EL Grill-Barbecue-Gewürzmischung
4 EL Speiseöl, z. B. Rapsöl

je 1 rote und gelbe Paprikaschote
2 grüne Peperoni
1 Gemüsezwiebel
150 ml Fleischbrühe
1 Flasche Barbecuesauce (250 ml)

*Zubereitungszeit: 20 Minuten*
*Garzeit: etwa 5 Stunden*

*Pro Portion:*
*E: 43 g, F: 28 g, Kh: 23 g, kJ: 2198, kcal: 525*

1 Den Backofen bei Ober-/Unterhitze auf 80 °C vorheizen. Einen großen feuerfesten Teller oder eine Auflaufform mit niedrigem Rand auf dem Rost (unteres Drittel) miterwärmen.

2 Fleisch unter fließendem kalten Wasser abspülen, trockentupfen und mit der Gewürzmischung einreiben. Öl in einer Pfanne erhitzen. Fleisch darin von allen Seiten in 10 Minuten gut anbraten, auf dem vorgewärmten Teller oder in der Auflaufform in den Backofen schieben und etwa 5 Stunden garen. Pfanne mit Bratensatz beiseite stellen.

3 Etwa 30 Minuten vor dem Ende der Garzeit Paprika und Peperoni halbieren, entstielen, entkernen, die weißen Scheidewände entfernen. Schoten waschen, abtropfen lassen, in Streifen schneiden. Zwiebel abziehen, in Streifen schneiden.

4 Beiseite gestellte Pfanne mit Bratensatz erhitzen, Zwiebelstreifen darin andünsten, Paprika- und Peperonistreifen hinzugeben, unter Rühren mitdünsten. Fleischbrühe und Barbecuesauce hinzugießen und alles noch etwa 10 Minuten köcheln lassen. Braten aus dem Backofen nehmen, in Scheiben schneiden und mit der Sauce servieren.

Beilage: *Bandnudeln.*

# Gekräutertes Schweinefilet mit gebratenem Gemüse (Titelrezept – 4 Portionen)

800 g Schweinefilet
Salz
frisch gemahlener Pfeffer
2 EL Speiseöl
1 großes Bund gemischte Kräuter, z.B. Petersilie, Estragon, Schnittlauch, Zitronenmelisse, Thymian
750 g buntes Gemüse, z.B. Zucchini, Bundmöhren, Frühlingszwiebeln, Champignons, Cocktailtomaten
50 g Butterschmalz

*Zubereitungszeit: 45 Minuten*

*Pro Portion:*
*E: 48 g, F: 19 g, Kh: 4 g, kJ: 1599, kcal: 382*

Tipp: *Das Gemüse mit 1 Esslöffel Oregano- oder Thymianblättchen würzen und mit etwa 2 Esslöffeln Balsamicoessig abschmecken..*

1 Den Backofen bei Ober-/Unterhitze auf 80 °C vorheizen. Einen großen feuerfesten Teller oder eine Auflaufform mit niedrigem Rand auf dem Rost (mittlere Schiene) miterwärmen.

2 Schweinefilet evtl. enthäuten. Schweinefilet unter fließendem kalten Wasser abspülen, trockentupfen und mit Salz und Pfeffer bestreuen.

3 Speiseöl in einer Pfanne erhitzen und das Schweinefilet darin von allen Seiten in etwa 6 Minuten gut anbraten.

4 Inzwischen die Kräuter abspülen, trockentupfen, Blättchen von den Stängeln zupfen und fein hacken. Das Filet in den Kräutern wälzen, gut andrücken. Dann das Fleisch auf dem vorgewärmten Teller oder in der Auflaufform in den Backofen schieben und etwa 40 Minuten garen. Pfanne mit dem Bratensatz beiseite stellen.

5 In der Zwischenzeit das Gemüse putzen. Von den Zucchini die Enden abschneiden, waschen, halbieren und in Scheiben schneiden. Von den Bundmöhren das Grün bis auf 2–3 cm abschneiden, evtl. schälen, waschen, halbieren oder vierteln. Champignons mit Küchenpapier abreiben, evtl. waschen, trockentupfen, in Scheiben schneiden. Cocktailtomaten waschen, halbieren oder vierteln. Die Bundmöhren 3–5 Minuten in Salzwasser vorgaren, auf ein Sieb zum Abtropfen geben.

6 Butterschmalz in einer großen Pfanne erhitzen, das Gemüse bis auf die Tomaten darin 6–8 Minuten braten, dann die Tomaten zugeben und noch etwa 2 Minuten braten, mit Salz und Pfeffer würzen.

7 Schweinefilet aus dem Backofen nehmen, abgedeckt 5 Minuten ruhen lassen, in Scheiben schneiden und mit dem Gemüse auf einer Platte anrichten.

# Schweinerollbraten mit Speckböhnchen
(6 Portionen)

4 Zwiebeln
etwa 1,3 kg Schweinerollbraten
Salz
frisch gemahlener Pfeffer
4 EL Speiseöl, z. B. Rapsöl
1 EL Tomatenmark

1 kg fest kochende Kartoffeln
800 g grüne Bohnen
2 gestr. TL Salz
60 g Butter
125 g gewürfelter Schinkenspeck
1 EL gerebeltes Bohnenkraut

500 ml (½ l) Fleischbrühe
1 EL Weizenmehl
1 EL kaltes Wasser

*Zubereitungszeit: 15 Minuten*
*Garzeit: etwa 5 Stunden*

*Pro Portion:*
*E: 54 g, F: 40 g, Kh: 28 g,*
*kJ: 2890, kcal: 690*

Tipp: *Kartoffeln mit Schnittlauchröllchen oder gehackter Petersilie bestreut servieren.*

1 Den Backofen bei Ober-/Unterhitze auf 80 °C vorheizen. Einen großen feuerfesten Teller oder eine Auflaufform mit niedrigem Rand auf dem Rost (unteres Drittel) miterwärmen.

2 Zwiebeln abziehen, fein würfeln. Fleisch unter fließendem kalten Wasser abspülen, trockentupfen und mit Salz und Pfeffer würzen. Öl in einer Pfanne erhitzen. Das Fleisch darin von allen Seiten in 10 Minuten gut anbraten.

3 Die Hälfte der Zwiebelwürfel mit anbraten, Tomatenmark unterrühren. Restliche Zwiebelwürfel beiseite stellen. Angebratenes Fleisch mit Zwiebeln auf dem vorgewärmten Teller oder in der Auflaufform in den Backofen schieben, etwa 5 Stunden garen. Pfanne mit Bratensatz beiseite stellen.

4 Etwa 40 Minuten vor dem Ende der Garzeit Kartoffeln waschen, schälen und abspülen. Von den Bohnen die Enden abschneiden, die Bohnen evtl. abfädeln, waschen, abtropfen lassen und in etwa 3 cm lange Stücke schneiden.

5 Kartoffeln mit 1 Teelöffel Salz und Wasser bedeckt zum Kochen bringen, zugedeckt in etwa 20 Minuten gar kochen. Bohnenstücke mit 1 Teelöffel Salz und Wasser zum Kochen bringen, zugedeckt etwa 8 Minuten kochen. Bohnen in ein Sieb abgießen, mit kaltem Wasser abschrecken.

6 Butter in einer großen Pfanne zerlassen. Beiseite gestellte Zwiebelwürfel darin andünsten. Schinkenspeckwürfel hinzufügen und kurz anbraten. Bohnen hinzugeben, erwärmen, mit Salz, Pfeffer und Bohnenkraut abschmecken.

7 Fleischbrühe in die beiseite gestellte Pfanne gießen und den Bratensatz loskochen. Mehl mit Wasser anrühren, in die Sauce einrühren und kurz aufkochen lassen, mit Salz und Pfeffer abschmecken.

8 Rollbraten aus dem Backofen nehmen, in Scheiben schneiden und mit Kartoffeln und Speckböhnchen servieren.

# Räuberbraten mit Röstgemüse
(4–6 Portionen)

1,4 kg magere Schweineschulter oder Schweinefleisch aus der Keule
Salz
frisch gemahlener Pfeffer
1 EL Currypulver
2 Zwiebeln
4 EL Speiseöl, z. B. Rapsöl

500 g Möhren
600 g Kartoffeln
400 g Knollensellerie
1 Stange Porree (Lauch)
50 g Schweineschmalz

*Zubereitungszeit: 15 Minuten*
*Garzeit: etwa 5 Stunden*

*Pro Portion:*
*E: 53 g, F: 39 g, Kh: 22 g, kJ: 2740, kcal: 656*

1 Den Backofen bei Ober-/Unterhitze auf 80 °C vorheizen. Von der Schweineschulter das Fett abschneiden. Das Fleisch unter fließendem kalten Wasser abspülen, trockentupfen und mit Salz, Pfeffer und Currypulver bestreuen.

2 Zwiebeln abziehen, halbieren und in Würfel schneiden. Speiseöl in einem großen flachen Bräter erhitzen. Das Fleisch darin in etwa 10 Minuten von allen Seiten gut anbraten. Zwiebelwürfel hinzugeben und kurz mit anbraten.

3 Den Bräter auf dem Rost (unteres Drittel) in den Backofen schieben und das Fleisch etwa 5 Stunden garen.

4 Etwa 2 Stunden vor dem Ende der Garzeit Möhren putzen, schälen, waschen und abtropfen lassen. Kartoffeln waschen, schälen, abspülen und abtropfen lassen. Sellerie schälen, abspülen und abtropfen lassen. Gemüse in etwa 1 cm große Würfel schneiden.

5 Von der Porreestange die Außenblätter entfernen, Wurzelenden und dunkles Grün abschneiden. Die Stange seitlich einschneiden, gründlich waschen, abtropfen lassen und in etwa 1 cm breite Stücke schneiden.

6 Schmalz in einer Pfanne zerlassen und zuerst die Kartoffeln unter Rühren darin 5 Minuten anbraten. Dann Möhren- und Selleriewürfel hinzufügen und 5 Minuten mitbraten. Porreestücke unterheben und kurz miterwärmen.

7 Das Gemüse mit Salz und Pfeffer abschmecken und in den Bräter im Backofen geben. Das Röstgemüse bis zum Ende der Garzeit mitgaren.

8 Den Braten aus dem Backofen nehmen, in Scheiben schneiden und mit dem Röstgemüse servieren.

# Lummerbraten mit Tunfischsauce
(4 Portionen)

800 g Lummerbraten (Schweinekotelett am Stück, ohne Knochen)
Salz
frisch gemahlener Pfeffer
½ TL granulierter Knoblauch
5 EL Speiseöl, z. B. Rapsöl

4 Frühlingszwiebeln
8 Cocktailtomaten

4 l Wasser
4 gestr. TL Salz
400 g Bandnudeln

2 Zwiebeln
1 Knoblauchzehe
2 Dosen Tunfisch in Öl
(Abtropfgewicht je 140 g)
5 Sardellenfilets (etwa 10 g)
2 TL Kapern
300 ml Fleischbrühe

1 Becher (150 g) Crème fraîche
1 TL gerebelter Oregano
einige Thymianblättchen

*Zubereitungszeit: 20 Minuten*
*Garzeit: etwa 3 Stunden*

*Pro Portion:*
*E: 75 g, F: 48 g, Kh: 74 g,*
*kJ: 4318, kcal: 1032*

1 Den Backofen bei Ober-/Unterhitze auf 80 °C vorheizen. Einen großen feuerfesten Teller oder eine Auflaufform mit niedrigem Rand auf dem Rost (mittlere Schiene) miterwärmen. Fleisch unter fließendem kalten Wasser abspülen, trockentupfen und mit Salz, Pfeffer und Knoblauch bestreuen.

2 Öl in einer Pfanne erhitzen. Das Fleisch darin von allen Seiten in etwa 10 Minuten gut anbraten. Angebratenes Fleisch auf dem vorgewärmten Teller oder in der Auflaufform in den Backofen schieben und etwa 3 Stunden garen. Pfanne mit dem Bratenansatz beiseite stellen.

3 Nach 1 Stunde Garzeit Frühlingszwiebeln putzen, waschen, abtropfen lassen und in Ringe schneiden. Tomaten waschen, abtropfen lassen und halbieren. Stängelansätze herausschneiden. Tomaten und Zwiebelringe zum Fleisch auf den Teller oder in die Auflaufform geben.

4 Etwa 30 Minuten vor dem Ende der Garzeit, Wasser für die Nudeln in einem großen Topf mit Deckel zum Kochen bringen. Salz und Bandnudeln hinzufügen. Die Nudeln im geöffneten Topf, bei mittlerer Hitze, nach Packungsanleitung kochen lassen, zwischendurch 4–5-mal umrühren.

5 Zwiebeln und Knoblauch abziehen, fein würfeln. Beiseite gestellte Pfanne mit dem Bratensatz erhitzen, Zwiebel- und Knoblauchwürfel darin andünsten.

6 Tunfisch und Sardellen in je einem Sieb abtropfen lassen. Sardellen in kleine Stücke schneiden. Tunfisch mit Sardellenstücken, Kapern und Fleischbrühe in die Pfanne geben, etwa 5 Minuten köcheln lassen. Mitgegarte Tomaten und Zwiebelringe unterrühren. Sauce pürieren, Crème fraîche einrühren, mit Salz, Pfeffer, Oregano und Thymian abschmecken.

7 Nudeln in ein Sieb geben, mit heißem Wasser abspülen und abtropfen lassen. Lummerbraten in Scheiben schneiden, mit Bandnudeln und Tunfischsauce servieren.

# Calzonebraten
(6 Portionen)

1,4 kg Schweinefleisch
(aus der Oberschale)
Salz
frisch gemahlener Pfeffer
50 g getrocknete Tomaten in Öl
etwa 10 kleine schwarze Oliven
(ohne Stein)
je 1 gelbe, rote und grüne
Paprikaschote
3 mittelgroße Zwiebeln
2 Knoblauchzehen
1 Scheibe Toastbrot
4 EL Olivenöl
1 Pck. TK-Kräuter-Mischung (25 g)
Paprikapulver edelsüß
2 Dosen stückige Tomaten (je 400 g)
100 ml heiße Gemüsebrühe

**Außerdem:**
Rouladennadeln oder Küchengarn

*Zubereitungszeit: 35 Minuten*
*Garzeit: etwa 5 Stunden*

*Pro Portion:*
*E: 55 g, F: 16 g, Kh: 10 g,*
*kJ: 1697, kcal: 405*

1 Schweinefleisch unter fließendem kalten Wasser abspülen, trockentupfen. Das Fleisch so der Länge nach waagerecht einscheiden, dass es an der anderen Seite noch zusammenhält. Das Fleischstück auseinander klappen, flach klopfen und mit Salz und Pfeffer bestreuen.

2 Tomaten abtropfen lassen und in Streifen schneiden. Oliven halbieren oder vierteln. Paprikaschoten halbieren, entstielen, entkernen und die weißen Scheidewände entfernen. Die Schoten waschen, abtropfen lassen und in feine Streifen schneiden. Zwiebeln abziehen, halbieren und in Streifen schneiden. Knoblauch abziehen und würfeln. Toastbrot entrinden und in kleine Würfel schneiden.

3 Den Backofen bei Ober-/Unterhitze auf 80 °C vorheizen. Die Hälfte des Olivenöls in einer großen Pfanne erhitzen. Paprikastreifen, Zwiebeln und Knoblauch darin andünsten. Brotwürfel, Kräuter, Tomatenstreifen und Oliven zugeben und alles mit Salz, Pfeffer und Paprikapulver abschmecken.

4 Knapp ein Viertel der Gemüse-Brot-Masse auf eine Seite des Fleischstückes geben, die andere Seite darüber schlagen und die Öffnung mit Rouladennadeln gut feststecken oder mit Küchengarn zunähen.

5 Restliches Olivenöl in einem Bräter erhitzen und das gefüllte Fleisch darin in etwa 10 Minuten von allen Seiten gut anbraten. Den Bräter auf dem Rost in den Backofen schieben und das Fleisch etwa 5 Stunden garen.

6 Nach etwa 2 Stunden Garzeit die restliche Gemüse-Brot-Masse mit den Tomaten und der Gemüsebrühe verrühren und zum Fleisch in den Bräter geben. Den Bräter wieder in den Backofen schieben und das Fleisch zu Ende garen.

7 Den Calzonebraten aus dem Backofen nehmen, Rouladennadeln oder Küchengarn entfernen. Braten in Scheiben schneiden und mit der Gemüsemasse servieren.

# Schweinebraten mit süß-saurer Sauce
(6 Portionen)

1,4 kg Schweinefleisch
aus der Oberschale
Salz
½ gestr. TL Currypulver
½ gestr. TL Chilipulver
1 Msp. gemahlener Koriander
4 EL Speiseöl,
z. B. Sonnenblumenöl

1 Glas saure Gurken
(Abtropfgewicht 185 g)
2 Zwiebeln
3 Knoblauchzehen
30 g Ingwer
1 rote Paprikaschote
1 Bund Frühlingszwiebeln

150 g Sojasprossen
500 ml Asia-Sauce süß-sauer,
z. B. Uncle Ben's
1 Dose Ananasstücke
(Abtropfgewicht 340 g)

*Zubereitungszeit: 20 Minuten*
*Garzeit: etwa 4 Stunden*

*Pro Portion:*
*E: 53 g, F: 12 g, Kh: 44 g,*
*kJ: 2093, kcal: 498*

Beilage: *Reis.*

1 Den Backofen bei Ober-/Unterhitze auf 80 °C vorheizen. Einen großen feuerfesten Teller oder eine Auflaufform mit niedrigem Rand auf dem Rost (unteres Drittel) miterwärmen.

2 Vom Schweinefleisch Fett und evtl. Sehnen entfernen. Schweinefleisch unter fließendem kalten Wasser abspülen, trockentupfen und mit Salz, Curry-, Chilipulver und Koriander bestreuen.

3 Speiseöl in einer Pfanne erhitzen und das Schweinefleisch darin von allen Seiten in etwa 10 Minuten gut anbraten. Dann das angebratene Fleisch auf dem vorgewärmten Teller oder in der Auflaufform in den Backofen schieben und etwa 4 Stunden garen. Pfanne mit dem Bratensatz beiseite stellen.

4 Etwa 30 Minuten vor dem Ende der Garzeit Gurken in einem Sieb abtropfen lassen und in Würfel schneiden. Zwiebeln und Knoblauch abziehen und in kleine Würfel schneiden. Ingwer schälen und ebenfalls fein würfeln.

5 Paprikaschote halbieren, entstielen, entkernen und die weißen Scheidewände entfernen. Die Schote waschen, abtropfen lassen und in feine Streifen schneiden. Frühlingszwiebeln putzen, waschen, abtropfen lassen und in feine Ringe schneiden.

6 Beiseite gestellte Pfanne mit dem Bratensatz erwärmen. Zwiebel-, Knoblauch- und Ingwerwürfel darin anbraten. Sojasprossen hinzufügen und kurz mitbraten. Asia-Sauce unter Rühren hinzugießen. Gurkenwürfel, Paprikastreifen und Ananasstücke mit dem Saft hinzugeben. Sauce kurz aufkochen lassen. Frühlingszwiebelringe mit in die Sauce geben und miterwärmen.

7 Schweinebraten aus dem Backofen nehmen. Bratensaft in die Sauce einrühren. Braten in Scheiben schneiden und mit der süß-sauren Sauce servieren.

Schwein

# Dicke Rippe mit grünen Bohnen
(4 Portionen)

etwa 1 kg dicke Rippe
Salz
frisch gemahlener Pfeffer
3 EL Speiseöl, z. B. Olivenöl

600 g grüne Bohnen
1 Stängel Bohnenkraut
Wasser
1 gestr. TL Salz

500 g Kartoffeln
1 gestr. TL Salz
Wasser

40 g Butterschmalz
50 ml Gemüsebrühe

*Zubereitungszeit: 20 Minuten*
*Garzeit: etwa 5 Stunden*

*Pro Portion:*
*E: 46 g, F: 34 g, Kh: 19 g,*
*kJ: 2356, kcal: 562*

1 Den Backofen bei Ober-/Unterhitze auf 80 °C vorheizen. Von der dicken Rippe das Fett abschneiden. Dicke Rippe unter fließendem kalten Wasser abspülen, trockentupfen. Das Fleisch mit Salz und Pfeffer bestreuen.

2 Öl in einem großen flachen Bräter erhitzen. Dicke Rippe darin von allen Seiten in etwa 10 Minuten gut anbraten. Dann den Bräter auf dem Rost in den Backofen schieben und das Fleisch etwa 5 Stunden garen.

3 Etwa 40 Minuten vor dem Ende der Garzeit von den Bohnen die Enden abschneiden, die Bohnen evtl. abfädeln, waschen, abtropfen lassen und in etwa 3 cm lange Stücke schneiden. Bohnenkraut abspülen und abtropfen lassen.

4 Wasser mit Salz in einem Topf zum Kochen bringen. Bohnenstücke und Bohnenkraut hinzufügen und etwa 10 Minuten kochen lassen. Bohnen in ein Sieb geben, mit kaltem Wasser abschrecken und abtropfen lassen.

5 Kartoffeln waschen, schälen, abspülen und in Würfel schneiden. Kartoffelwürfel in einem Topf mit Salz und Wasser bedeckt zum Kochen bringen und etwa 15 Minuten kochen lassen. Kartoffelwürfel abgießen und warm stellen.

6 Butterschmalz in einer großen Pfanne zerlassen. Bohnenstücke und Kartoffelwürfel darin andünsten. Gemüsebrühe hinzufügen, etwa 5 Minuten dünsten und mit Salz und Pfeffer abschmecken.

7 Dicke Rippe aus dem Backofen nehmen, in Scheiben schneiden und mit Kartoffelwürfeln und Bohnengemüse servieren.

Tipp: *Garnieren Sie dieses Gericht mit einem Petersiliensträußchen.*

Schwein

# Asiatischer Schweinerollbraten

(6 Portionen)

2 Zwiebeln
2 Knoblauchzehen
etwa 1,3 kg Schweinerollbraten (ausgelöster Schweinenacken, ohne Knochen)
Salz
frisch gemahlener Pfeffer
3 EL Speiseöl
1 EL Sesamöl
1 TL rote Currypaste (erhältlich im Asialaden)
300 ml Fleischbrühe
150 ml frisch gepresster Orangensaft

**Nach Belieben:**
100 ml Sweet Chickensauce

1 EL Weizenmehl
1 EL kaltes Wasser
etwas Sojasauce

*Zubereitungszeit: 30 Minuten*
*Garzeit: etwa 5 Stunden*

*Pro Portion:*
*E: 43 g, F: 36 g, Kh: 4 g, kJ: 2140, kcal: 512*

1 Den Backofen bei Ober-/Unterhitze auf 80 °C vorheizen.

2 Zwiebeln und Knoblauch abziehen und in kleine Würfel oder Streifen schneiden. Rollbraten unter fließendem kalten Wasser abspülen, trockentupfen und mit Salz und Pfeffer würzen.

3 Speise- und Sesamöl in einem Bräter erhitzen. Den Rollbraten darin von allen Seiten etwa 10 Minuten gut anbraten. Zwiebel- und Knoblauchwürfel oder -streifen kurz mit anbraten und Currypaste unterrühren. Etwas von der Brühe hinzugießen, gut verrühren und aufkochen lassen.

4 Den Bräter auf dem Rost in den Backofen schieben und den Rollbraten etwa 5 Stunden garen.

5 Den Bräter aus dem Backofen nehmen. Restliche Brühe und Orangensaft hinzugießen und zum Kochen bringen, evtl. Chickensauce unterrühren.

6 Nach Belieben Mehl mit Wasser anrühren, in die Sauce rühren und unter Rühren kurz aufkochen lassen. Die Sauce mit Salz und Sojasauce abschmecken.

7 Den Rollbraten aus dem Bräter nehmen, in Scheiben schneiden und auf einer vorgewärmten Platte anrichten.

Beilage: *Gemischter Salat mit Sojasprossen.*

Tipp: *Fladenbrot und Guacamole-Dip dazureichen.*

# Rind

Sanft gegartes Rindfleisch ist nicht nur als Sonntagsbraten ein Genuss – sondern wird durch die Zubereitung kleinerer Fleischstücke alltagstauglich.

# Hüftbraten mit Balsamicosauce und Frühlingszwiebeln (6 Portionen)

1,4 kg Rindfleisch aus der Hüfte
Salz
frisch gemahlener Pfeffer
4 EL Speiseöl, z. B. Olivenöl

2 Zwiebeln
250 ml (¼ l) Balsamico-Essig
200 ml trockener Rotwein
400 ml Fleischbrühe

4 Bund Frühlingszwiebeln
70 g Butter
1 EL Zucker

*Zubereitungszeit: 15 Minuten*
*Garzeit: etwa 4 Stunden*

*Pro Portion:*
*E: 52 g, F: 22 g, Kh: 15 g, kJ: 2017, kcal: 483*

1 Den Backofen bei Ober-/Unterhitze auf 80 °C vorheizen. Einen großen feuerfesten Teller oder eine Auflaufform mit niedrigem Rand auf dem Rost (mittlere Schiene) miterwärmen.

2 Rindfleisch unter fließendem kalten Wasser abspülen, trockentupfen und mit Salz und Pfeffer bestreuen.

3 Speiseöl in einer Pfanne erhitzen und das Fleisch darin in etwa 10 Minuten von allen Seiten gut anbraten. Dann das Fleisch auf dem vorgewärmten Teller oder in der Auflaufform in den Backofen schieben und etwa 4 Stunden garen. Die Pfanne mit Bratensatz beiseite stellen.

4 Etwa 45 Minuten vor dem Ende der Garzeit Zwiebeln abziehen und in kleine Würfel schneiden. Beiseite gestellte Pfanne mit Bratensatz erhitzen. Die Zwiebelwürfel darin andünsten. Balsamico-Essig, Rotwein und Fleischbrühe unter Rühren hinzugießen. Die Sauce auf etwa die Hälfte einkochen lassen.

5 Frühlingszwiebeln putzen, waschen, abtropfen lassen und in etwa 10 cm lange Stücke schneiden. Butter in einer Pfanne zerlassen und den Zucker darin unter Rühren auflösen. Frühlingszwiebelstücke hinzufügen und unter gelegentlichem Wenden 3–5 Minuten garen.

6 Den Braten aus dem Backofen nehmen. Ausgetretenen Bratensaft in die Sauce einrühren, Sauce mit Salz und Pfeffer abschmecken. Fleisch in Scheiben schneiden, mit den Zwiebeln und Balsamicosauce servieren.

Beilage: *Bandnudeln.*

# Roastbeef mit Zwiebel-Burgundersauce
(4 Portionen)

750 g Roastbeef
Salz
frisch gemahlener Pfeffer

3 EL Speiseöl

1 kg Zwiebeln
6 Lorbeerblätter
250 ml (¼ l) Rotwein

1 Becher (150 g) Crème fraîche
1 EL körniger Senf
evtl. 1–2 EL dunkler Saucenbinder

*Zubereitungszeit: 45 Minuten*
*Garzeit: etwa 2 ½ Stunden*

*Pro Portion:*
*E: 46 g, F: 28 g, Kh: 14 g,*
*kJ: 2196, kcal: 526*

1 Den Backofen bei Ober-/Unterhitze auf 80 °C vorheizen. Einen großen feuerfesten Teller oder eine Auflaufform mit niedrigem Rand auf dem Rost (mittlere Schiene) miterhitzen.

2 Roastbeef unter fließendem kalten Wasser abspülen und trockentupfen. Die Fettseite mit einem Messer leicht einschneiden und das Fleisch mit Salz und Pfeffer einreiben.

3 Speiseöl in einer Pfanne erhitzen und das Roastbeef darin von allen Seiten in 10 Minuten gut anbraten. Das Roastbeef herausnehmen, auf den Teller oder in die Auflaufform legen und auf dem Rost in den Backofen schieben. Das Roastbeef etwa 2½ Stunden garen.

4 Zwiebeln abziehen, in Würfel schneiden, mit den Lorbeerblättern zum Bratensatz geben und kurz braten lassen. Nach und nach Rotwein hinzugießen und zum Kochen bringen. Zwiebeln zugedeckt etwa 20 Minuten schmoren lassen.

5 Kurz vor Ende der Garzeit Crème fraîche mit Senf verrühren, zu den Zwiebeln geben und kurz aufkochen lassen. Die Sauce mit Salz und Pfeffer abschmecken. Nach Belieben mit Saucenbinder andicken.

6 Das Roastbeef im ausgeschalteten Backofen 10–15 Minuten ruhen lassen, dann in Scheiben schneiden. Roastbeefscheiben auf einer vorgewärmten Platte anrichten und mit der Sauce servieren.

Beilage: *Röstkartoffeln, mit Rosmarinnadeln bestreut und grüner Salat.*

# Tafelspitzbraten mit Spinatspätzle und Kohlrabigemüse (6 Portionen)

1,6 kg Tafelspitz
(ein besonderes Stück aus der Hüfte)
Salz
frisch gemahlener Pfeffer
2 Zwiebeln
4 EL Speiseöl, z. B. Rapsöl

200 g TK-Rahmspinat
500 g Weizenmehl
4 Eier (Größe M)
1 gestr. TL Salz
100 ml Wasser

3–4 Kohlrabi (etwa 1,4 kg)
60 g Butter
3 EL Wasser
1 gestr. TL Salz

60 g Butter
frisch geriebene Muskatnuss

200 ml Fleischbrühe
2 EL Crème fraîche
1 EL gehackte Petersilie

*Zubereitungszeit: 15 Minuten*
*Garzeit: 5–7 Stunden, je nach Dicke des Fleischstückes (siehe Ratgeber)*

*Pro Portion:*
*E: 74 g, F: 38 g, Kh: 67 g, kJ: 3767, kcal: 900*

1 Den Backofen bei Ober-/Unterhitze auf 80 °C vorheizen. Von dem Fleisch evtl. Fett und Sehnen entfernen. Fleisch unter fließendem kalten Wasser abspülen, trockentupfen und mit Salz und Pfeffer bestreuen.

2 Zwiebeln abziehen, halbieren und fein würfeln. Speiseöl in einem großen flachen Bräter erhitzen. Das Fleisch darin in etwa 10 Minuten von allen Seiten gut anbraten.

3 Zwiebelwürfel hinzugeben und kurz mit anbraten. Den Bräter auf dem Rost (unteres Drittel) in den Backofen schieben und das Fleisch 5–7 Stunden garen.

4 In der Zwischenzeit Spinat auftauen und gut abtropfen lassen. Etwa 1 Stunde vor dem Ende der Garzeit Mehl in eine Schüssel sieben. Eier mit Salz, Spinat und Wasser verschlagen und nach und nach unter das Mehl rühren, darauf achten, dass keine Klümpchen entstehen. Den Teig zugedeckt etwa 30 Minuten ruhen lassen.

5 Dann den Teig portionsweise durch eine Spätzlepresse in siedendes Salzwasser pressen, etwa 2 Minuten köcheln lassen. Spätzle mit einem Schaumlöffel aus dem Wasser nehmen, mit kaltem Wasser abschrecken und abtropfen lassen.

6 Kohlrabi schälen, waschen, abtropfen lassen, halbieren und in etwa 1 cm dicke Stäbchen schneiden. Butter in einem Topf zerlassen. Kohlrabi, Wasser und Salz hinzufügen und etwa 8 Minuten dünsten.

7 Butter in einer Pfanne zerlassen und die Spätzle darin anbraten. Die Spätzle mit Muskatnuss abschmecken.

8 Tafelspitzbraten aus dem Backofen nehmen, warm stellen. Fleischbrühe in den Bratenfond einrühren, aufkochen lassen und Crème fraîche einrühren. Sauce mit Salz und Pfeffer abschmecken. Tafelspitz in Scheiben schneiden, mit Sauce, Spätzle und Kohlrabigemüse servieren. Kohlrabigemüse mit Petersilie bestreuen.

# Roastbeef mit Blattspinat

(6 Portionen)

1,2 kg Roastbeef
Salz
frisch gemahlener Pfeffer
4 EL Speiseöl, z. B. Olivenöl

1 kg Blattspinat
4 EL Speiseöl, z. B. Olivenöl
etwa 600 g TK-Rösti
2 Zwiebeln
3 Knoblauchzehen
40 g Butter
125 g gewürfelter roher Schinken
frisch geriebene Muskatnuss

*Zubereitungszeit: 20 Minuten*
*Garzeit: etwa 2 ½ Stunden*

*Pro Portion:*
*E: 55 g, F: 34 g, Kh: 27 g,*
*kJ: 2651, kcal: 632*

1 Den Backofen bei Ober-/Unterhitze auf 80 °C vorheizen. Das Roastbeef unter fließendem kalten Wasser abspülen, trockentupfen und mit Salz und Pfeffer bestreuen.

2 Speiseöl in einem flachen Bräter erhitzen. Roastbeef darin von allen Seiten in etwa 10 Minuten gut anbraten. Den Bräter auf dem Rost (unteres Drittel) in den Backofen schieben. Roastbeef etwa 2½ Stunden garen.

3 Etwa 20 Minuten vor dem Ende der Garzeit Spinat verlesen, dicke Stiele entfernen. Spinat gründlich waschen und in einem Sieb abtropfen lassen.

4 Speiseöl in einer Pfanne erhitzen und die Rösti darin nach Packungsanleitung zubereiten.

5 Zwiebeln und Knoblauch abziehen und in kleine Würfel schneiden. Butter in einem Topf zerlassen. Zwiebel- und Knoblauchwürfel darin unter Rühren andünsten.

6 Schinkenwürfel hinzufügen, kurz anbraten. Spinat dazugeben, mit Salz, Pfeffer und Muskat würzen und zugedeckt bei schwacher Hitze etwa 5 Minuten garen. Spinat vorsichtig umrühren, nochmals mit Salz und Pfeffer abschmecken.

7 Das Roastbeef aus dem Backofen nehmen, in Scheiben schneiden und mit Spinat und Rösti servieren.

Tipp: *Das Roastbeef schmeckt auch kalt, in dünne Scheiben geschnitten und mit Remoulade serviert, sehr gut.*

# Schulterscherzel in Rotweinmarinade
(6 Portionen)

1,4 kg Rinderschulter
200 g Knollensellerie
200 g Möhren
1 Stange Porree (Lauch)
2 Zwiebeln
1 gestr. TL Salz
frisch gemahlener Pfeffer
1 gestr. TL Zucker
6 Pimentkörner
1 Msp. Chilipulver
2 EL mittelscharfer Senf
1 Flasche trockener Rotwein (0,7 l)
3 Lorbeerblätter
4 EL Speiseöl, z. B. Rapsöl
200 ml Fleischbrühe
1 Becher (150 g) Crème fraîche

*Zubereitungszeit: 15 Minuten, ohne Marinierzeit*
*Garzeit: 7 ½ Stunden*

*Pro Portion:*
*E: 48 g, F: 27 g, Kh: 7 g, kJ: 2074, kcal: 496*

Beilage: *Thüringer Klöße und frischer Salat.*

1 Von der Schulter das Fett abschneiden und die Sehnen entfernen. Das Fleisch unter fließendem kalten Wasser abspülen, trockentupfen und in eine große Schüssel legen.

2 Sellerie und Möhren schälen, abspülen, abtropfen lassen und in etwa 1 cm große Würfel schneiden. Von der Porreestange die Außenblätter entfernen, Wurzelende und dunkles Grün abschneiden. Die Stange seitlich einschneiden, gründlich waschen, abtropfen lassen und in 2 cm lange Stücke schneiden.

3 Zwiebeln abziehen, halbieren und in kleine Würfel schneiden. Gemüsewürfel und -stücke mit zum Fleisch in die Schüssel geben.

4 Salz, Pfeffer, Zucker, Piment, Chili und Senf mit dem Rotwein verrühren, Lorbeerblätter hinzufügen und das Fleisch in der Schüssel mit der Rotweinmarinade begießen. Das Fleisch zugedeckt 3 Tage im Kühlschrank marinieren. Jeden Tag das Fleisch einmal wenden.

5 Den Backofen bei Ober-/Unterhitze auf 80 °C vorheizen. Das Fleisch aus der Marinade nehmen, gut abtropfen lassen und trockentupfen. Marinade beiseite stellen. Speiseöl in einem großen flachen Bräter erhitzen und das Fleisch darin etwa 10 Minuten von allen Seiten gut anbraten.

6 Den Bräter auf dem Rost (unteres Drittel) in den Backofen schieben und das Fleisch etwa 7 ½ Stunden garen.

7 Etwa eine Stunde vor dem Ende der Garzeit die Marinade mit der Fleischbrühe in einen Topf geben, zum Kochen bringen und zugedeckt etwa 40 Minuten köcheln lassen. Dann das Gemüse in der Sauce fein pürieren und Crème fraîche unterrühren.

8 Schulterscherzel aus dem Backofen nehmen, in Scheiben schneiden und mit der Sauce servieren.

# Rinderfilet auf Pak Choi
(4 Portionen)

600 g Rinderfilet (Mittelstück)
2 EL Speiseöl
Salz
frisch gemahlener Pfeffer
gemahlenes Zitronengras
1 TL geriebener Ingwer
8 kleine Pak-Choi-Stauden
(Chinesischer Senfkohl)
oder 1 kg Mangold
2 EL Sesamöl
50 ml Wasser
100 ml Soja- oder Teriyakisauce
grober Pfeffer

*Zubereitungszeit: 30 Minuten*
*Garzeit: etwa 2 Stunden*

*Pro Portion:*
*E: 36 g, F: 12 g, Kh: 6 g,*
*kJ: 1160, kcal: 277*

Tipp: *Die Stiele des Mangolds längs in etwa 1 cm breite Streifen schneiden, waschen und etwa 5 Minuten in Salzwasser garen, abtropfen lassen und mit einer Marinade aus 1 gewürfelten Zwiebel, 2 Esslöffeln Kräuteressig, 2 Esslöffeln Olivenöl, Salz, Pfeffer, Zucker, 1 Messerspitze Senf und 1 Esslöffel gehackten Kräutern vermengen. Etwa 30 Minuten durchziehen lassen.*

1 Den Backofen bei Ober-/Unterhitze auf 80 °C vorheizen. Einen großen, feuerfesten Teller oder eine Auflaufform mit niedrigem Rand auf dem Rost (mittlere Schiene) miterhitzen.

2 Rinderfilet unter fließendem kalten Wasser abspülen und trockentupfen. Öl in einer Pfanne erhitzen und das Filet rundherum in etwa 8 Minuten gut anbraten. Mit Salz, Pfeffer, Zitronengras und der Hälfte des geriebenen Ingwers bestreichen. Das Filet auf dem Teller oder in der Form in den Backofen schieben und etwa 2 Stunden garen.

3 Pak Choi putzen, dabei die Stauden ganz lassen. Stauden waschen und abtropfen lassen. Oder von dem Mangold die beschädigten, braunen Blätter entfernen und die Stiele 2 cm unterhalb der Blätter abschneiden. Blätter waschen und abtropfen lassen.

4 Etwa 20 Minuten vor Ende der Garzeit Wasser in einem weiten Topf zum Kochen bringen. Salz, Pak Choi oder Mangold zugeben und etwa 5 Minuten kochen, auf einem Sieb abtropfen lassen.

5 Sesamöl in einer Pfanne erwärmen. Die gedämpften Pak-Choi-Stauden oder Mangoldblätter hinzugeben und darin schwenken, mit Salz und Pfeffer würzen.

6 Den Bratensatz vom Filet mit Wasser loskochen, Soja- oder Teriyakisauce und restlichen Ingwer zugeben. Rinderfilet in Scheiben schneiden, mit grobem Pfeffer bestreuen und mit Pak Choi oder Mangold und der Sauce servieren.

# Doppeltes Rumpsteak mit Petersilienwurzel-Kartoffelpüree (4 Portionen)

2 doppelte Rumpsteaks (je etwa 400 g)
Salz
frisch gemahlener Pfeffer
1 gestr. TL Kräuter der Provence
3 EL Speiseöl, z. B. Rapsöl

600 g mehlig kochende Kartoffeln
400 g Petersilienwurzeln
1 gestr. TL Salz
150 ml heiße Milch
30 g Butter
frisch geriebene Muskatnuss

60 ml Weinbrand

*Zubereitungszeit: 70 Minuten*
*Garzeit: etwa 30 Minuten*

*Pro Portion:*
*E: 50 g, F: 24 g, Kh: 24 g, kJ: 2314, kcal: 552*

Tipp: *Durch unterschiedliche Anbratzeiten können Sie den Gargrad der Rumpsteaks variieren. Bei einer Anbratzeit von etwa 8 Minuten sind die Rumpsteaks „rare“(innen noch blutig), bei einer Anbratzeit von 10 Minuten sind sie „medium“ (rosa) und bei einer Anbratzeit von 12 Minuten „well-done“ (durchgebraten).*

1 Den Backofen bei Ober-/Unterhitze auf 80 °C vorheizen. Einen großen feuerfesten Teller oder eine Auflaufform mit niedrigem Rand auf dem Rost (mittlere Schiene) miterwärmen.

2 Steaks unter fließendem kalten Wasser abspülen, trockentupfen, evtl. entsehnen und das Fett abschneiden. Steaks mit Salz, Pfeffer und Kräutern der Provence würzen.

3 Öl in einer Pfanne erhitzen und die Rumpsteaks von allen Seiten in 10 Minuten gut anbraten. Dann die Rumpsteaks auf dem vorgewärmten Teller oder in der Auflaufform in den Backofen schieben und etwa 30 Minuten garen. Pfanne beiseite stellen.

4 In der Zwischenzeit Kartoffeln und Petersilienwurzeln waschen, schälen, abspülen, abtropfen lassen und in Stücke schneiden. Kartoffel- und Petersilienwurzelstücke in einem Topf mit Wasser bedeckt zum Kochen bringen. Salz hinzufügen. Gemüsestücke in etwa 20 Minuten gar kochen.

5 Gemüsestücke abgießen und mit Milch und Butter zu Püree zerstampfen. Das Petersilienwurzel-Kartoffelpüree mit Salz und Muskatnuss abschmecken.

6 Weinbrand in die beiseite gestellte Pfanne geben und den Bratensatz loskochen. Ausgetretenen Bratensaft der Rumpsteaks hinzufügen. Sauce mit Salz und Pfeffer abschmecken. Rumpsteaks in dicke Scheiben schneiden und mit Sauce und Petersilienwurzel-Kartoffelpüree servieren.

Beilage: *Gemischter Salat.*

# Rumpsteaks mit Quarkkartoffeln
(4 Portionen)

2 doppelte Rumpsteaks (je etwa 400 g)
Salz
frisch gemahlener Pfeffer
4 EL Olivenöl

4 Ofen- oder Backkartoffeln, aus dem Kühlregal

250 g Speisequark
2 EL Milch
3 EL gemischte gehackte Kräuter, z. B. Petersilie, Schnittlauch, Kerbel, Dill

*Zubereitungszeit: 20 Minuten*
*Garzeit: etwa 45 Minuten*

*Pro Portion:*
*E: 57 g, F: 15 g, Kh: 30 g, kJ: 2077, kcal: 496*

1 Den Backofen bei Ober-/Unterhitze auf 80 °C vorheizen. Einen feuerfesten Teller oder eine Auflaufform mit niedrigem Rand auf dem Rost (mittlere Schiene) miterwärmen.

2 Die Rumpsteaks unter fließendem kalten Wasser abspülen, trockentupfen, evtl. entsehnen und das Fett abschneiden. Steaks mit Salz und Pfeffer würzen.

3 Öl in einer Pfanne erhitzen und die Rumpsteaks von allen Seiten in 10 Minuten gut anbraten. Dann die Rumpsteaks nebeneinander auf dem vorgewärmten Teller oder in der Auflaufform auf dem Rost in den Backofen schieben und etwa 45 Minuten garen.

4 Die Ofen- oder Backkartoffeln mit auf den Teller oder in die Auflaufform legen und miterwärmen oder nach Packungsanleitung in der Mikrowelle zubereiten.

5 Quark mit Milch und Kräutern verrühren, mit Salz und Pfeffer abschmecken. Kartoffeln kreuzweise einschneiden, etwas aufdrücken und mit dem Quark füllen.

6 Rumpsteaks in dicke Scheiben schneiden und mit den Quarkkartoffeln servieren.

Tipp: *Statt Ofen- oder Backkartoffeln aus dem Kühlregal können Sie auch vier Kartoffeln (je etwa 200 g) selbst vorkochen. Dazu die Kartoffeln gründlich waschen, mit Wasser bedeckt zum Kochen bringen und etwa 20 Minuten kochen lassen.*

# Geschnetzeltes vom Rumpsteak
(4 Portionen)

2 Zwiebeln
1 Knoblauchzehe
500 g Austernpilze
250 g Mini-Roma-Tomaten oder Cocktailtomaten
4 Rumpsteaks (je etwa 150 g)
Salz
frisch gemahlener Pfeffer
6 EL Olivenöl

einige Salatblätter, z. B. Lollo Bionda
3 glatte Petersilienstängel

*Zubereitungszeit: 30 Minuten*
*Garzeit: 15 Minuten*

*Pro Portion:*
*E: 39 g, F: 22 g, Kh: 4 g, kJ: 1523, kcal: 363*

1 Den Backofen bei Ober-/Unterhitze auf 80 °C vorheizen. Einen feuerfesten Teller oder eine Auflaufform mit niedrigem Rand auf dem Rost (mittlere Schiene) miterwärmen.

2 Zwiebeln und Knoblauch abziehen, halbieren und fein würfeln. Austernpilze putzen, evtl. mit Küchenpapier abreiben und große Pilze etwas kleiner schneiden. Tomaten waschen und abtropfen lassen.

3 Rumpsteaks unter fließendem kalten Wasser abspülen, trockentupfen, evtl. entsehnen und das Fett abschneiden. Fleisch in fingerdicke etwa 3 cm lange Streifen schneiden, mit Salz und Pfeffer würzen.

4 Etwa 3 Esslöffel von dem Olivenöl in einer Pfanne erhitzen. Die Fleischstreifen darin etwa 4 Minuten unter Rühren gut anbraten, dann auf dem vorgewärmten Teller oder in der Auflaufform in den Backofen schieben und etwa 15 Minuten garen.

5 Restliches Olivenöl in der Pfanne erhitzen und die Austernpilze darin anbraten, dann etwa 6 Minuten schmoren lassen. Zwiebel- und Knoblauchwürfel unterrühren. Tomaten kurz miterwärmen.

6 Salatblätter abspülen und gut abtropfen lassen. Petersilie abspülen, trockentupfen und die Blättchen von den Stängeln zupfen. Blättchen fein schneiden. Die Fleischstreifen mit Pilzgemüse vermengen, mit den Salatblättern auf Tellern anrichten und mit Petersilie bestreuen.

Beilage: *Reis.*

# Rindersteaks mit Käsesauce
(4 Portionen)

4 Rindersteaks aus der Hüfte
(je etwa 150 g)
Salz
frisch gemahlener Pfeffer
4 EL Speiseöl, z. B. Rapsöl

**Für die Käsesauce:**
1 Zwiebel
20 g Butter
150 ml Fleischbrühe
100 g Schlagsahne
150 g Sahne-Schmelzkäse

1 TL Speisestärke oder Weizenmehl
1 EL kaltes Wasser
frisch geriebene Muskatnuss

1 Topf Petersilie

*Zubereitungszeit: 20 Minuten*
*Garzeit: etwa 45 Minuten*

*Pro Portion:*
*E: 39 g, F: 32 g, Kh: 6 g,*
*kJ: 1956, kcal: 468*

1 Den Backofen bei Ober-/Unterhitze auf 80 °C vorheizen. Einen feuerfesten Teller oder eine Auflaufform mit niedrigem Rand auf dem Rost (mittlere Schiene) miterwärmen.

2 Die Rindersteaks unter fließendem kalten Wasser abspülen, trockentupfen und evtl. vorhandenes Fett abschneiden. Steaks mit Salz und Pfeffer würzen.

3 Speiseöl in einer Pfanne erhitzen. Die Steaks darin etwa 4 Minuten von jeder Seite gut anbraten. Dann die Steaks nebeneinander auf dem vorgewärmten Teller oder in der Auflaufform auf dem Rost in den Backofen schieben und etwa 45 Minuten garen.

4 Für die Käsesauce Zwiebel abziehen, halbieren und fein würfeln. Butter in einem Topf zerlassen. Zwiebelwürfel darin andünsten. Brühe und Sahne unterrühren, kurz aufkochen lassen. Die Sauce etwas einkochen lassen.

5 Käse in die Sauce einrühren, so lange rühren, bis der Käse geschmolzen ist.

6 Speisestärke oder Mehl mit Wasser verrühren und in die Sauce einrühren. Sauce nochmals kurz aufkochen lassen und mit Salz, Pfeffer und Muskat abschmecken.

7 Petersilie abspülen, trockentupfen und die Blättchen von den Stängeln zupfen. Blättchen fein hacken. Steaks mit der Käsesauce und Petersilie bestreut servieren.

Beilage: *Bandnudeln mit Tomatenwürfeln und ein gemischter Salat.*

# Marinierte Hüftsteaks
(4 Portionen)

4 Rindersteaks aus der Hüfte (je etwa 150 g)

**Für die Marinade:**
2 Zwiebeln
1 Knoblauchzehe
4 EL Olivenöl
2 EL Sesamöl
¼ TL gemahlene Gewürznelken
¼ TL Chilipulver
½ TL gerebelter Rosmarin
frisch gemahlener Pfeffer

2 EL Olivenöl
120 ml Barbecue-Sauce
150 ml Gemüsebrühe
60 g Schlagsahne
Salz

1 TL gehackte Rosmarinnadeln

*Zubereitungszeit: 30 Minuten*
*Marinierzeit: etwa 60 Minuten*
*Garzeit: etwa 45 Minuten*

*Pro Portion:*
*E: 35 g, F: 26 g, Kh: 9 g,*
*kJ: 1740, kcal: 414*

1 Hüftsteaks unter fließendem kalten Wasser abspülen, trockentupfen, evtl. vorhandenes Fett abschneiden. Hüftsteaks in eine flache Schale legen.

2 Für die Marinade Zwiebeln und Knoblauch abziehen und fein würfeln. Olivenöl mit Sesamöl, Nelken, Chilipulver, Rosmarin und Pfeffer verrühren. Zwiebel- und Knoblauchwürfel unterrühren.

3 Die Steaks mit der Marinade bestreichen und zugedeckt und kalt gestellt etwa 60 Minuten marinieren.

4 Den Backofen bei Ober-/Unterhitze auf 80 °C vorheizen. Eine Auflaufform mit niedrigem Rand auf dem Rost (mittlere Schiene) miterwärmen.

5 Die Hüftsteaks aus der Marinade nehmen, gut abtropfen lassen und mit Küchenpapier trockentupfen. Marinade beiseite stellen. Olivenöl in einer Pfanne erhitzen. Steaks darin von jeder Seite etwa 4 Minuten gut anbraten.

6 Dann die Steaks nebeneinander in die vorgewärmte Auflaufform legen. Die Form auf dem Rost in den Backofen schieben. Die Steaks etwa 45 Minuten garen.

7 Marinade in die Pfanne mit dem Bratensatz einrühren und erwärmen. Barbecue-Sauce und Brühe einrühren, zum Kochen bringen und etwa 10 Minuten köcheln lassen. Dann Sahne unterrühren und die Sauce mit Salz und Pfeffer abschmecken.

8 Die marinierten Hüftsteaks mit Rosmarin bestreut servieren.

Beilage: *Kartoffelpüree und gemischter Salat.*

# Medaillons mit Speck
(4 Portionen)

4 Medaillons vom Rinderfilet (je etwa 120 g)
Salz
frisch gemahlener Pfeffer
4 Scheiben Bacon (Frühstücksspeck)
3 EL Speiseöl, z. B. Rapsöl
1 große Tomate
125 g Mozzarella-Käse

etwa 3 Basilikumstängel

*Zubereitungszeit: 15 Minuten*
*Garzeit: etwa 40 Minuten*

*Pro Portion:*
*E: 33 g, F: 13 g, Kh: 1 g, kJ: 1071, kcal: 255*

1 Den Backofen bei Ober-/Unterhitze auf 80 °C vorheizen. Einen feuerfesten Teller oder eine Auflaufform mit niedrigem Rand auf dem Rost (mittlere Schiene) miterwärmen.

2 Medaillons unter fließendem kalten Wasser abspülen, trockentupfen, evtl. vorhandenes Fett und Sehnen abschneiden. Medaillons mit Salz und Pfeffer würzen.

3 Jedes Medaillon mit einer Scheibe Frühstücksspeck umwickeln, diese mit Küchengarn festbinden.

4 Speiseöl in einer Pfanne erhitzen. Die Medaillons darin etwa 3 Minuten von jeder Seite gut anbraten. Dann die Medaillons nebeneinander auf dem vorgewärmten Teller oder in der Auflaufform auf dem Rost in den Backofen schieben. Die Medaillons etwa 15 Minuten garen.

5 In der Zwischenzeit Tomate waschen, abtrocknen und den Stängelansatz herausschneiden. Tomate in 4 Scheiben schneiden. Mozzarella abtropfen lassen und ebenfalls in 4 Scheiben schneiden.

6 Jedes Medaillon mit einer Tomaten- und Mozzarellascheibe belegen. Die Medaillons zurück in den Backofen schieben und weitere etwa 25 Minuten garen.

7 Basilikum abspülen, trockentupfen und die Blättchen von den Stängeln zupfen. Medaillons mit Basilikumblättchen garniert und mit Pfeffer bestreut servieren.

Beilage: *Baguette und Tomatensalat.*

# Rinderbeinscheiben in Wermut
(4 Portionen)

4 Rinderbeinscheiben (etwa 800 g), ohne Knochen
Salz
frisch gemahlener Pfeffer
4 EL Speiseöl, z. B. Rapsöl
250 ml (¼ l) trockener Wermut, z. B. Noilly Prat
2 Lorbeerblätter
250 g Schalotten

2 große Kohlrabi
Wasser
1 gestr. TL Salz

*Zubereitungszeit: 20 Minuten*
*Garzeit: etwa 5 ½Stunden*

*Pro Portion:*
*E: 45 g, F: 31 g, Kh: 12 g, kJ: 2328, kcal: 556*

1 Den Backofen bei Ober-/Unterhitze auf 80 °C vorheizen. Beinscheiben unter fließendem kalten Wasser abspülen, trockentupfen und Fett und Sehnen abschneiden. Beinscheiben mit Salz und Pfeffer bestreuen.

2 Speiseöl in einem großen flachen Bräter erhitzen. Die Beinscheiben darin von allen Seiten in etwa 10 Minuten gut anbraten. Wermut hinzugießen, Lorbeerblätter hinzufügen und kurz aufkochen lassen.

3 Den Bräter auf dem Rost (unteres Drittel) in den Backofen schieben. Die Beinscheiben etwa 5 ½ Stunden garen, Beinscheiben dabei 2–3-mal wenden.

4 Etwa 3 Stunden vor dem Ende der Garzeit Schalotten abziehen und mit in den Bräter geben. Den Bräter zurück in den Backofen schieben und die Beinscheiben zu Ende garen.

5 Etwa 30 Minuten vor dem Ende der Garzeit Kohlrabi schälen, waschen, abtropfen lassen und in etwa 1 cm dicke Scheiben schneiden. Wasser mit Salz in einem Topf zum Kochen bringen und die Kohlrabischeiben darin etwa 5 Minuten kochen.

6 Kohlrabi in einem Sieb abtropfen lassen. Lorbeerblätter aus der Sauce entfernen. Rinderbeinscheiben mit Kohlrabi und Schalottensauce servieren.

Beilage: *Gnocchi.*

# Rinderspeckbraten mit Polenta
(6 Portionen)

120 g fetter geräucherter Speck,
in der Länge des Fleischstückes
1 Zwiebel
1,2 kg Rindfleisch aus der Keule
Salz
frisch gemahlener Pfeffer
4 EL Olivenöl

300 ml Fleischbrühe
1 EL Tomatenmark
1 EL mittelscharfer Senf

500 ml (½ l) Fleischbrühe
150 g Hartweizengrieß
2 Eigelb (Größe M)
30 g Butter

*Zubereitungszeit: 30 Minuten, ohne Gefrierzeit*
*Garzeit: etwa 6 Stunden*

*Pro Portion:*
*E: 45 g, F: 46 g, Kh: 19 g, kJ: 2800, kcal: 669*

1 Den Speck in 5 etwa fingerdicke, lange Streifen schneiden. Speckstreifen in ein Gefrierfach legen, bis diese erstarrt sind. Den Backofen bei Ober-/Unterhitze auf 80 °C vorheizen. Zwiebel abziehen, halbieren und fein würfeln.

2 Fleisch unter fließendem kalten Wasser abspülen, trockentupfen, evtl. Fett und Sehnen entfernen. Mit einem langen spitzen Messer das Fleisch der Länge nach 5-mal durchstechen und mit einem Holzlöffelstiel nachbohren.

3 Das Fleisch mit den Speckstreifen spicken und mit Salz und Pfeffer bestreuen. Olivenöl in einem Bräter mit flachem Rand erhitzen und das gespickte Fleisch darin in etwa 10 Minuten von allen Seiten gut anbraten.

4 Zwiebelwürfel hinzufügen und kurz mitbraten. Den Bräter auf dem Rost (unteres Drittel) in den Backofen schieben und das Fleisch etwa 6 Stunden garen.

5 Nach etwa 2 Stunden Garzeit Brühe erwärmen, mit Tomatenmark und Senf unter Rühren in den Bräter geben. Den Bräter wieder zurück in den Backofen schieben.

6 Etwa 1 Stunde vor dem Ende der Garzeit Fleischbrühe in einem Topf zum Kochen bringen. Grieß unter Rühren hinzufügen und das Ganze unter Rühren etwa 5 Minuten kochen lassen. Dann die Grießmasse von der Kochstelle nehmen und die Eigelbe unterrühren.

7 Ein Stück Frischhaltefolie auf die Arbeitsfläche legen und die Grießmasse etwa 1 cm dick aufstreichen. Grießmasse erstarren lassen und dann in Stücke schneiden.

8 Butter in einer Pfanne zerlassen. Polentastücke darin von beiden Seiten goldgelb braten. Speckbraten in Stücke schneiden, mit Sauce und Polenta servieren.

# Filetsteaks mit Tomaten-Bohnen-Gemüse
(4 Portionen)

4 Rinderfiletsteaks
(je etwa 150 g)
Salz
frisch gemahlener grober Pfeffer
2 EL Olivenöl

500 g grüne Bohnen
Wasser
½ gestr. TL Salz
4 Tomaten
1 Zwiebel
2 EL Olivenöl
½ TL gerebeltes Bohnenkraut

4 Scheiben Vollkorntoast

*Zubereitungszeit: 20 Minuten*
*Garzeit: etwa 20 Minuten*

*Pro Portion:*
*E: 38 g, F: 18 g, Kh: 22 g,*
*kJ: 1699, kcal: 404*

1 Den Backofen bei Ober-/Unterhitze auf 80 °C vorheizen. Einen feuerfesten Teller oder eine Auflaufform mit niedrigem Rand auf dem Rost (mittlere Schiene) miterwärmen.

2 Filetsteaks unter fließendem kalten Wasser abspülen, trockentupfen, mit Salz und Pfeffer würzen.

3 Olivenöl in einer Pfanne erhitzen. Die Filetsteaks darin etwa 2 Minuten von jeder Seite gut anbraten. Dann die Filetsteaks auf dem vorgewärmten Teller oder in der Auflaufform in den Backofen schieben und etwa 20 Minuten garen. Pfanne mit dem Bratensatz beiseite stellen.

4 Von den Bohnen die Enden abschneiden, die Bohnen evtl. abfädeln, waschen, abtropfen lassen und in große Stücke schneiden. Wasser mit Salz in einem Topf zum Kochen bringen und die Bohnenstücke darin 7–10 Minuten garen.

5 Tomaten waschen, abtrocknen, halbieren und die Stängelansätze herausschneiden. Tomaten in Stücke schneiden. Zwiebel abziehen, halbieren und in kleine Würfel schneiden. Bohnen in ein Sieb abgießen und abtropfen lassen.

6 Olivenöl in der beiseite gestellten Pfanne erhitzen. Zwiebelwürfel darin anbraten. Bohnenstücke hinzufügen, kurz unter gelegentlichem Rühren mitbraten. Tomatenstücke hinzufügen und kurz miterwärmen. Tomaten-Bohnen-Gemüse mit Bohnenkraut, Salz und Pfeffer abschmecken.

7 Toastscheiben toasten, diagonal halbieren und mit den Filetsteaks und dem Gemüse servieren.

# Doppeltes Rinderfilet mit Maiskolben
(4 Portionen)

2 doppelte Rinderfilets
(je etwa 400 g)
Salz
frisch gemahlener Pfeffer
4 EL Olivenöl

4 frische Maiskolben
Wasser
1 TL Salz

100 g Cocktailtomaten
60 g Butter

einige Basilikumstängel

*Zubereitungszeit: 20 Minuten*
*Garzeit: etwa 45 Minuten*

*Pro Portion:*
*E: 45 g, F: 24 g, Kh: 12 g,*
*kJ: 1875, kcal: 447*

1 Den Backofen bei Ober-/Unterhitze auf 80 °C vorheizen. Einen feuerfesten Teller oder eine Auflaufform mit niedrigem Rand auf dem Rost (mittlere Schiene) miterwärmen.

2 Die Rinderfilets unter fließendem kalten Wasser abspülen, trockentupfen, mit Salz und Pfeffer würzen.

3 Olivenöl in einer Pfanne erhitzen. Die Rinderfilets darin in etwa 10 Minuten von allen Seiten gut anbraten. Dann die Filets nebeneinander auf dem vorgewärmten Teller oder in der Auflaufform auf dem Rost in den Backofen schieben und etwa 45 Minuten garen.

4 Maiskolben putzen, die Enden abschneiden und die Fäden entfernen. Wasser mit Salz in einem großen Topf zum Kochen bringen und die Maiskolben darin etwa 12 Minuten kochen. Dann die Maiskolben in einem Sieb abtropfen lassen.

5 Tomaten waschen und abtropfen lassen. Butter in einer großen Pfanne zerlassen. Maiskolben und Tomaten darin kurz erwärmen, evtl. mit Salz würzen.

6 Basilikum abspülen, trockentupfen und die Blättchen von den Stängeln zupfen. Etwa die Hälfte der Blättchen fein schneiden. Das Rinderfilet in Scheiben schneiden, mit den Maiskolben und Basilikum garniert servieren.

Beilage: *Kleine gebratene Kartoffeln.*

# Steaks in gepfefferter Weinbrandsauce

(4 Portionen)

4 Rinderfiletsteaks (je etwa 180 g)
Salz
frisch gemahlener Pfeffer
4 EL Olivenöl

400 g Zuckerschoten
Wasser
1 gestr. TL Salz

3 Schalotten
70 ml Weinbrand
1 Becher (150 g) Crème fraîche
4 TL eingelegte grüne Pfefferkörner

etwa 15 g Butter

*Zubereitungszeit: 25 Minuten*
*Garzeit: etwa 30 Minuten*

*Pro Portion:*
*E: 43 g, F: 32 g, Kh: 12 g,*
*kJ: 2299, kcal: 549*

1 Den Backofen bei Ober-/Unterhitze auf 80 °C vorheizen. Einen feuerfesten Teller oder eine Auflaufform mit niedrigem Rand auf dem Rost (mittlere Schiene) miterwärmen.

2 Die Filetsteaks unter fließendem kalten Wasser abspülen, trockentupfen, evtl. vorhandenes Fett und Sehnen abschneiden. Filetsteaks mit Salz und Pfeffer würzen.

3 Olivenöl in einer Pfanne erhitzen. Die Filetsteaks darin etwa 3 Minuten von jeder Seite gut anbraten. Dann die Filetsteaks nebeneinander auf dem vorgewärmten Teller oder in der Auflaufform auf dem Rost in den Backofen schieben und etwa 30 Minuten garen. Pfanne mit dem Bratensatz beiseite stellen.

4 Zuckerschoten putzen, evtl. abfädeln, waschen, abspülen und abtropfen lassen. Wasser mit Salz in einem Topf zum Kochen bringen und die Zuckerschoten darin etwa 2 Minuten garen. Zuckerschoten in einem Sieb abtropfen lassen und warm stellen.

5 Schalotten abziehen und fein würfeln. Beiseite gestellte Pfanne erwärmen. Die Schalottenwürfel darin anbraten. Weinbrand und Crème fraîche unterrühren, kurz miterwärmen. Sauce mit Salz und Pfefferkörnern würzen.

6 Butter in einer Pfanne zerlassen und unter die Zuckerschoten rühren. Zuckerschoten evtl. mit Salz abschmecken. Die Steaks mit der gepfefferten Weinbrandsauce und den Zuckerschoten servieren.

Beilage: *Kartoffelpüree.*

# Roastbeef-Röllchen mit Kartoffelecken
(4 Portionen)

8 dünne Scheiben Roastbeef (je etwa 60 g)
1 kleine rote Paprikaschote
1 Bund Frühlingszwiebeln
80 g mittelalter Gouda-Käse am Stück
Salz
frisch gemahlener Pfeffer
3 EL Olivenöl
40 ml Weinbrand

450 g TK-Kartoffelecken

*Zubereitungszeit: 20 Minuten*
*Garzeit: etwa 30 Minuten*

*Pro Portion:*
*E: 33 g, F: 32 g, Kh: 30 g, kJ: 2373, kcal: 566*

1 Den Backofen bei Ober-/Unterhitze auf 80 °C vorheizen. Eine Auflaufform mit niedrigem Rand auf dem Rost (mittlere Schiene) miterwärmen.

2 Fleischscheiben unter fließendem kalten Wasser abspülen, trockentupfen und den Fettrand abschneiden. Scheiben nebeneinander auf die Arbeitsfläche legen.

3 Paprikaschote halbieren, entstielen, entkernen und die weißen Scheidewände entfernen. Schote waschen, abtropfen lassen und in Streifen schneiden. Frühlingszwiebeln putzen, abspülen und in etwa 3 cm lange Stücke schneiden.

4 Den Käse in 8 fingerdicke, etwa 3 cm lange Stücke schneiden. Fleischscheiben mit Salz und Pfeffer bestreuen und jeweils mit 1–2 Paprikastreifen, 1–2 Frühlingszwiebelstücken und 1 Käsestück belegen. Fleischscheiben von der schmalen Seite her fest aufrollen und mit Holzstäbchen feststecken.

5 Olivenöl in einer Pfanne erhitzen. Die Roastbeef-Röllchen darin in etwa 5 Minuten von allen Seiten gut anbraten. Dann die Röllchen in die vorgewärmte Auflaufform legen und auf dem Rost in den Backofen schieben. Den Weinbrand unter Rühren in die Pfanne mit dem Bratensatz geben und zu den Röllchen in die Auflaufform geben. Die Röllchen etwa 30 Minuten garen.

6 Kartoffelecken nach Packungsanleitung in einer Pfanne zubereiten und mit den Roastbeef-Röllchen servieren.

Tipp: *1 Esslöffel Olivenöl in einer Pfanne erhitzen. Die restlichen Frühlingszwiebelstücke und evtl. Paprikastreifen darin unter Rühren anbraten, mit Salz und Pfeffer abschmecken und dazuservieren. Nach Belieben die Röllchen mit gehackten Rosmarinnadeln bestreuen.*

# Rinderfilet mit Limettenbutter und Pfifferlingen (4 Portionen)

4 Rinderfiletsteaks (je etwa 150 g)
70 g Butter
Salz
frisch gemahlener, weißer Pfeffer

400 g Pfifferlinge
3 Schalotten

2 EL Limettensaft
50 g Butter
1 EL Petersilienblättchen

*Zubereitungszeit: 30 Minuten*
*Garzeit: etwa 20 Minuten*

*Pro Portion:*
*E: 44 g, F: 46 g, Kh: 4 g,*
*kJ: 2553, kcal: 609*

1 Den Backofen bei Ober-/Unterhitze auf 80 °C vorheizen. Einen großen feuerfesten Teller oder eine Auflaufform mit niedrigem Rand auf dem Rost (mittlere Schiene) miterhitzen.

2 Rinderfilet unter fließendem kalten Wasser abspülen und trockentupfen. Die Filets enthäuten.

3 20 g Butter in einer Pfanne zerlassen. Die Rinderfilets darin von jeder Seite 2 Minuten anbraten, salzen, pfeffern, herausnehmen und auf den vorgewärmten Teller oder in die Auflaufform legen. Die Filets mit 25 g Butter bestreichen, auf dem Rost in den Backofen schieben und etwa 20 Minuten garen. Die Pfanne mit dem Bratensatz beiseite stellen

4 Pfifferlinge putzen, mit Küchenpapier abreiben, evtl. kurz abspülen und trockentupfen. Pfifferlinge evtl. halbieren oder vierteln. Schalotten abziehen und in kleine Würfel schneiden.

5 Restliche Butter in der beiseite gestellten Pfanne mit dem Bratenfett zerlassen. Schalottenwürfel darin andünsten. Pfifferlinge zugeben, unter mehrmaligem Wenden etwa 10 Minuten dünsten und mit Salz und Pfeffer würzen.

6 Limettensaft und Butter in einem Pfännchen kurz aufkochen lassen. Die Medaillons mit der Limettenbutter beträufeln, mit den Pfifferlingen anrichten und mit Petersilienblättchen bestreuen.

Beilage: *Grüne Nudeln und Tomatensalat.*

# Chateaubriand
(4 Portionen)

2 Rinderfiletstücke (je etwa 400 g)
40 g Butterschmalz
Salz
frisch gemahlener Pfeffer

grober Pfeffer
einige Zweige Thymian

*Zubereitungszeit: 15 Minuten*
*Garzeit: etwa 45 Minuten*

*Pro Portion:*
*E: 42 g, F: 11 g, Kh: 0 g,*
*kJ: 1114, kcal: 265*

1 Den Backofen bei Ober-/Unterhitze auf 80 °C vorheizen. Einen großen feuerfesten Teller oder eine Auflaufform mit niedrigem Rand auf dem Rost (mittlere Schiene) miterhitzen.

2 Filetstücke mit der flachen Hand von der Schnittseite her etwas breit drücken, so dass ein etwa 5 cm dickes Steak entsteht. Filetsteaks evtl. kurz unter fließendem kalten Wasser abspülen und trockentupfen.

3 Butterschmalz in einer Pfanne erhitzen, Filetsteaks hineinlegen und bei mittlerer Hitze von jeder Seite etwa 5 Minuten braten, dabei öfter wenden. Die Steaks mit Salz und Pfeffer würzen.

4 Die Filetsteaks aus der Pfanne nehmen, auf den vorgewärmten Teller oder in die Auflaufform legen und auf dem Rost in den Backofen schieben. Die Filetsteaks etwa 45 Minuten garen.

5 Das Chateaubriand in Scheiben schneiden, auf einer vorgewärmten Platte anrichten, mit grobem Pfeffer bestreuen und mit Thymian garnieren.

Beilage: *Zuckerschoten, glasierte Möhren und Pilze und Herzoginkartoffeln. Als Sauce eignet sich eine Sauce béarnaise oder hollandaise.*

# Kalb

Kalbfleisch ist immer etwas Besonderes – sanft gegart wird es zum kulinarischen Höhepunkt.

# Kalbsbraten mit Petersilien-Pesto
(4 Portionen)

3 Zwiebeln
800 g Kalbfleisch, aus der Keule
Salz
frisch gemahlener Pfeffer
5 EL Olivenöl
250 ml (¼ l) trockener Weißwein
150 ml Fleischbrühe
80 g Schlagsahne

**Für das Pesto:**
50 g Pinienkerne
2 Knoblauchzehen
1 Bund glatte Petersilie
1 Bund Schnittlauch
80 g geriebener Parmesan-Käse
100 ml Olivenöl

1 EL Weizenmehl
2 EL kaltes Wasser

*Zubereitungszeit: 30 Minuten*
*Garzeit: etwa 5 Stunden*

*Pro Portion:*
*E: 54 g, F: 61 g, Kh: 7 g,*
*kJ: 3476, kcal: 830*

Beilage: *Petersilienkartoffeln.*

1 Den Backofen bei Ober-/Unterhitze auf 80 °C vorheizen. Zwiebeln abziehen, halbieren und fein würfeln.

2 Kalbfleisch unter fließendem kalten Wasser abspülen, trockentupfen, evtl. vorhandenes Fett und Sehnen abschneiden. Fleisch mit Salz und mit Pfeffer bestreuen. Öl in einem großen flachen Bräter erhitzen. Das Fleisch darin von allen Seiten in etwa 10 Minuten gut anbraten.

3 Zwiebelwürfel hinzufügen und kurz unter Rühren anbraten. Wein, Brühe und Sahne unterrühren, kurz aufkochen lassen. Den Bräter auf dem Rost (unteres Drittel) in den Backofen schieben. Fleisch etwa 5 Stunden garen.

4 Für das Pesto die Pinienkerne in einer Pfanne ohne Fett goldbraun rösten, dann erkalten lassen. Knoblauch abziehen und fein würfeln.

5 Petersilie und Schnittlauch abspülen und trockentupfen. Petersilienblättchen von den Stängeln zupfen. Einige Blättchen zum Garnieren beiseite legen. Restliche Petersilienblättchen und Schnittlauch fein hacken oder schneiden.

6 Pinienkerne, Knoblauch, Petersilie, Schnittlauch, Parmesan und Olivenöl in einen hohen Rührbecher geben und mit einem Mixstab pürieren.

7 Den Kalbsbraten aus dem Bräter nehmen und warm stellen. Mehl mit Wasser anrühren und in die Sauce einrühren. Sauce kurz aufkochen lassen und mit Salz und Pfeffer abschmecken.

8 Braten in Scheiben schneiden, mit Sauce, Petersilien-Pesto und den beiseite gelegten Petersilienblättchen garniert servieren.

# Kalbshaxe mit Semmelknödeln
(4 Portionen)

1 Kalbshaxe (etwa 2 kg mit Knochen)
Salz
frisch gemahlener Pfeffer
1 TL gerebelter Thymian
4 EL Speiseöl, z. B. Olivenöl
1 TL Tomatenmark
8 küchenfertige Semmelknödel (im Kochbeutel)

**Für die Salatbeilage:**
2 gelbe Paprikaschoten
2 Tomaten
einige Blätter Lollo bionda

**Für das Salatdressing:**
1 EL Weißweinessig
2 EL Olivenöl

400 ml Kalbsfond
1 EL gehackte Petersilienblättchen

*Zubereitungszeit: 15 Minuten*
*Garzeit: etwa 4 Stunden*

*Pro Portion:*
*E: 76 g, F: 30 g, Kh: 53 g, kJ: 3317, kcal: 791*

1 Den Knochen der Kalbshaxe vom Metzger entfernen lassen. Kalbshaxe entsehnen und unter fließendem kalten Wasser abspülen, trockentupfen. Kalbshaxe mit Salz, Pfeffer und Thymian bestreuen.

2 Den Backofen bei Ober-/Unterhitze auf 80 °C vorheizen. Speiseöl in einem großen flachen Bräter erhitzen und die Kalbshaxe darin in etwa 12 Minuten von allen Seiten gut anbraten. Den Bräter auf dem Rost in den Backofen (unteres Drittel) schieben und die Kalbshaxe etwa 4 Stunden garen.

3 Während der Garzeit die Kalbshaxe zweimal wenden. Nach etwa 3 Stunden Garzeit das Tomatenmark in den Bratensatz einrühren und die Kalbshaxe fertig garen.

4 Etwa 40 Minuten vor dem Ende der Garzeit die Semmelknödel nach Packungsanleitung zubereiten.

5 Für die Salatbeilage Paprikaschoten halbieren, entstielen, entkernen und die weißen Scheidewände entfernen. Schoten waschen, abtropfen lassen und in Würfel schneiden. Tomaten waschen, abtrocknen, halbieren und Stängelansätze herausschneiden. Tomaten in Scheiben schneiden. Salatblätter waschen, trockentupfen und in kleine Stücke zupfen.

6 Für das Salatdressing Essig mit Salz und Pfeffer verrühren, Olivenöl unterschlagen.

7 Kalbshaxe aus dem Backofen nehmen, warm stellen. Kalbsfond in den Bratensatz einrühren und etwas einkochen lassen. Salatbeilage mit Salatdressing beträufeln und mit Petersilie bestreuen. Kalbshaxe in Scheiben schneiden, mit Semmelknödeln und Sauce servieren.

# Gefüllte Kalbsbrust mit Pfifferlingen
(4–6 Portionen)

1 Pck. Semmelknödel (200 g)
220 ml heiße Milch
2 Eier (Größe M)
60 g Schinkenwürfel
1 EL gehackte Petersilienblättchen
Salz
frisch gemahlener Pfeffer

1 kg Kalbsbrust, ohne Knochen
4 EL Speiseöl, z. B. Rapsöl

1 kg Pfifferlinge
2 Zwiebeln
4 EL Speiseöl, z. B. Rapsöl
100 g Schinkenwürfel
250 g Crème fraîche
1 TL gerebelter Thymian

400 ml Kalbsfond
1 EL Speisestärke
2 EL kaltes Wasser

*Zubereitungszeit: 30 Minuten*
*Garzeit: etwa 5 Stunden*

*Pro Portion:*
*E: 57 g, F: 51 g, Kh: 35 g,*
*kJ: 3477, kcal: 830*

1 Den Backofen bei Ober-/Unterhitze auf 80 °C vorheizen. Das Semmelknödelpulver in eine Schüssel geben und mit heißer Milch, Eiern, Schinkenwürfeln und Petersilie vermengen. Die Masse mit Salz und Pfeffer abschmecken.

2 Kalbsbrust unter fließendem kalten Wasser abspülen, trockentupfen und waagerecht eine Tasche für die Füllung einschneiden. Die Kalbsbrust von innen und außen mit Salz und Pfeffer würzen und mit der Knödelmasse füllen. Die Öffnung mit Küchengarn vernähen.

3 Öl in einem großen flachen Bräter erhitzen. Gefüllte Kalbsbrust darin in etwa 10 Minuten von allen Seiten gut anbraten. Den Bräter auf dem Rost in den Backofen (unteres Drittel) schieben. Kalbsbrust etwa 5 Stunden garen.

4 Etwa 30 Minuten vor dem Ende der Garzeit Pfifferlinge putzen, abspülen und gut abtropfen lassen. Zwiebeln abziehen und in kleine Würfel schneiden.

5 Speiseöl in einer großen Pfanne erhitzen und die Zwiebel- und Schinkenwürfel darin anbraten. Pfifferlinge hinzufügen und unter gelegentlichem Rühren etwa 6 Minuten mitbraten. Crème fraîche unterrühren. Die Pfifferlinge mit Salz, Pfeffer und Thymian abschmecken und warm stellen.

6 Kalbsbrust aus dem Backofen nehmen, in Scheiben schneiden, warm stellen. Kalbsfond zum Bratensaft gießen. Speisestärke mit Wasser anrühren, in die Sauce einrühren, kurz aufkochen lassen, mit Salz und Pfeffer abschmecken.

# Kalbsbraten mit Gemüseallerlei
(4–6 Portionen)

1,2 kg Kalbfleisch
aus der Unterschale
Salz
frisch gemahlener Pfeffer
1 TL gerebelter Thymian
4 EL Speiseöl, z. B. Olivenöl
2 EL gekörnter Senf,
z. B. Rôtisseur-Senf

5–6 Möhren
400 g weißer Spargel
5 EL Wasser
½ gestr. TL Salz
1 Prise Zucker
300 g TK-Erbsen

200 ml Kalbsfond
1 EL Crème fraîche

*Zubereitungszeit: 40 Minuten*
*Garzeit: etwa 4 Stunden*

*Pro Portion:*
*E: 57 g, F: 15 g, Kh: 14 g,*
*kJ: 1746, kcal: 417*

Beilage: *Petersilienkartoffeln.*

1 Den Backofen bei Ober-/Unterhitze auf 80 °C vorheizen. Einen großen feuerfesten Teller oder eine Auflaufform mit niedrigem Rand auf dem Rost (mittlere Schiene) miterwärmen.

2 Vom Fleisch Fett und Sehnen entfernen. Kalbfleisch unter fließendem kalten Wasser abspülen, trockentupfen. Fleisch mit Salz, Pfeffer und Thymian bestreuen.

3 Speiseöl in einer Pfanne erhitzen. Das Fleisch darin in etwa 8 Minuten von allen Seiten gut anbraten. Anschließend das Fleisch mit Senf bestreichen und auf dem vorgewärmten Teller oder in der Auflaufform in den Backofen schieben und etwa 4 Stunden garen. Die Pfanne mit dem Bratensatz beiseite stellen.

4 Etwa 45 Minuten vor dem Ende der Garzeit Möhren putzen, schälen, waschen, abtropfen lassen und in etwa 1 cm breite Stücke schneiden. Spargel von oben nach unten schälen, darauf achten, dass die Schalen vollständig entfernt, die Köpfe aber nicht verletzt werden. Die unteren Enden abschneiden (holzige Stellen vollständig entfernen).

5 Spargelstangen in etwa 2 cm lange Stücke schneiden, waschen und abtropfen lassen. Wasser in einem Topf zum Kochen bringen, Salz, Zucker, Möhren- und Spargelstücke hinzufügen und etwa 8 Minuten dünsten. Erbsen hinzufügen und das Gemüse weitere 3–4 Minuten dünsten.

6 Beiseite gestellte Pfanne mit dem Bratensatz erhitzen, Kalbsfond einrühren und kurz aufkochen lassen.

7 Braten aus dem Backofen nehmen, warm stellen. Bratensaft mit in die Sauce geben, Crème fraîche unterrühren. Die Sauce mit Salz und Pfeffer abschmecken. Braten aufschneiden und mit Gemüse und Sauce servieren.

# Kalbsfilet mit Gorgonzolaspinat und Bratkartoffeln (4 Portionen)

800 g Kalbsfilet
Salz
frisch gemahlener Pfeffer
3 EL Speiseöl, z. B. Rapsöl

900 g kleine fest kochende Kartoffeln
50 g Schweineschmalz
2 Pck. TK-Blattspinat mit Gorgonzola (je 300 g)
etwa 20 Kirschtomaten

*Zubereitungszeit: 80 Minuten*
*Garzeit: etwa 60 Minuten*

*Pro Portion:*
*E: 50 g, F: 35 g, Kh: 39 g, kJ: 2862, kcal: 679*

1 Den Backofen bei Ober-/Unterhitze auf 80 °C vorheizen. Einen großen feuerfesten Teller oder eine Auflaufform mit niedrigem Rand auf dem Rost (mittlere Schiene) miterwärmen.

2 Kalbsfilet evtl. enthäuten. Kalbsfilet unter fließendem kalten Wasser abspülen und trockentupfen. Fleisch mit Salz und Pfeffer bestreuen.

3 Speiseöl in einer Pfanne erhitzen. Das Fleisch darin in etwa 10 Minuten von allen Seiten gut anbraten. Dann das Fleisch auf dem vorgewärmten Teller oder in der Auflaufform in den Backofen schieben und etwa 60 Minuten garen. Die Pfanne mit dem Bratensatz beiseite stellen.

4 In der Zwischenzeit Kartoffeln waschen, schälen, abspülen, abtropfen lassen und in etwa 2 cm große Würfel schneiden. Beiseite gestellte Pfanne mit dem Bratensatz erhitzen. Schmalz darin zerlassen und Kartoffelwürfel hinzufügen.

5 Kartoffelwürfel mit Salz und Pfeffer würzen und zugedeckt bei mittlerer Hitze etwa 30 Minuten garen. Evtl. etwas Wasser hinzugeben und die Bratkartoffeln gelegentlich umrühren. Kurz vor dem Ende der Kartoffelgarzeit den Deckel entfernen, damit die Kartoffeln schön braun werden.

6 Spinat nach Packungsanleitung zubereiten. Tomaten waschen, abtropfen lassen, in den fertigen Spinat geben und kurz miterwärmen.

7 Kalbsfilet aus dem Backofen nehmen, aufschneiden, mit den Bratkartoffeln und dem Gorgonzolaspinat servieren.

Tipp: *Sie können statt TK-Blattspinat mit Gorgonzola auch etwa 1 kg frischen Blattspinat mit einer Gorgonzolasauce zubereiten.*

# Kalbsrouladen mit Salbeisauce

(4 Portionen)

etwa 20 frische Salbeiblätter
4 Kalbsrouladen (je etwa 100 g)
Salz
frisch gemahlener Pfeffer
4 Scheiben Knochenschinken
4 Scheiben Butterkäse
4 EL Speiseöl, z. B. Olivenöl

180 ml trockener Sherry
100 g Schlagsahne

4 l Wasser
400 g Spätzle
4 gestr. TL Salz

½ Kopf Lollo bionda
8 große Erdbeeren

1–2 EL Weißweinessig
½ gestr. TL Salz
1 Prise Zucker
frisch gemahlener Pfeffer
1 EL Olivenöl

*Zubereitungszeit: 50 Minuten*
*Garzeit: etwa 30 Minuten*

*Pro Portion:*
*E: 52 g, F: 34 g, Kh: 74 g,*
*kJ: 3631, kcal: 867*

1 Den Backofen bei Ober-/Unterhitze auf 80 °C vorheizen. Einen großen feuerfesten Teller oder eine Auflaufform mit niedrigem Rand auf dem Rost (mittlere Schiene) miterwärmen.

2 Salbeiblätter abspülen und trockentupfen. 8 Salbeiblätter fein schneiden und beiseite legen. Kalbsrouladen unter fließendem kalten Wasser abspülen, trockentupfen und von beiden Seiten mit Salz und Pfeffer bestreuen.

3 Kalbsrouladen mit je einer Scheibe Schinken, Käse und 3 Salbeiblättern belegen. Kalbsrouladen von der schmalen Seite aus fest aufrollen und mit Holzstäbchen feststecken.

4 Öl in einer Pfanne erhitzen. Die Kalbsrouladen darin von allen Seiten in etwa 4 Minuten gut anbraten. Dann die Kalbsrouladen auf dem vorgewärmten Teller oder der Auflaufform in den Backofen schieben und etwa 30 Minuten garen.

5 Sherry in den Bratensatz einrühren, zum Kochen bringen und etwas einkochen lassen. Sahne einrühren. Sauce mit Salz, Pfeffer und beiseite gelegtem Salbei abschmecken.

6 Wasser in einem großen Topf zum Kochen bringen. Spätzle und Salz hinzufügen, die Spätzle nach Packungsanleitung zubereiten. Dann die Spätzle in ein Sieb geben, mit warmen Wasser abspülen, abtropfen lassen und warm stellen.

7 Vom Salat die äußeren welken Blätter entfernen, Salat waschen, trockenschleudern und in mundgerechte Stücke zupfen. Erdbeeren waschen, abtropfen lassen, entstielen und in Scheiben schneiden.

8 Essig mit Salz, Zucker und Pfeffer verrühren, Öl unterschlagen. Dressing mit den Salatblättern vermengen und den Salat auf Tellern anrichten. Jeweils einige Erdbeerscheiben auf den Salat geben und diese mit Pfeffer bestreuen.

9 Kalbsrouladen in Scheiben schneiden, mit Sauce, Spätzle und Salat servieren.

# Kalbsbraten mit Brokkoli und Gnocchi
(6 Portionen)

1,2 kg Kalbsnuss
Salz
frisch gemahlener Pfeffer
1 Zwiebel
3 Tomaten
1 Rosmarinstängel
1 Salbeistängel
4 EL Speiseöl, z. B. Olivenöl

1 kg Brokkoli
Wasser
1 gestr. TL Salz
750 g frische Gnocchi
(aus dem Kühlregal)

80 g Butter
frisch geriebene Muskatnuss
250 ml (¼ l) Fleischbrühe

*Zubereitungszeit: 20 Minuten*
*Garzeit: etwa 4 Stunden*

*Pro Portion:*
*E: 50 g, F: 22 g, Kh: 47 g,*
*kJ: 2469, kcal: 587*

1 Den Backofen bei Ober-/Unterhitze auf 80 °C vorheizen. Fleisch evtl. enthäuten. Kalbfleisch unter fließendem kalten Wasser abspülen, trockentupfen, mit Salz und Pfeffer bestreuen.

2 Zwiebel abziehen und in kleine Würfel schneiden. Tomaten waschen, abtropfen lassen und halbieren. Die Stängelansätze herausschneiden. Tomatenhälften in Würfel schneiden. Kräuterstängel abspülen und trockentupfen. Die Blättchen und Nadeln von den Stängeln zupfen. Blättchen und Nadeln fein hacken.

3 Speiseöl in einem großen flachen Bräter erhitzen. Das Fleisch darin in etwa 10 Minuten von allen Seiten gut anbraten. Zwiebelwürfel ebenfalls in den Bräter geben und kurz mit anbraten. Tomatenwürfel und Kräuter unter die Zwiebelwürfel rühren.

4 Den Bräter auf dem Rost (unteres Drittel) in den Backofen schieben und das Fleisch etwa 4 Stunden garen.

5 Etwa 40 Minuten vor dem Ende der Garzeit vom Brokkoli die Blätter entfernen. Brokkoli in Röschen teilen, waschen und abtropfen lassen. Wasser mit Salz in einem Topf zum Kochen bringen. Die Brokkoliröschen etwa 6 Minuten darin garen. Anschließend mit einer Schaumkelle herausnehmen und warm stellen.

6 Gnocchi nach Packungsanleitung zubereiten. Butter in einer kleinen Pfanne zerlassen, mit Muskatnuss würzen und über die Brokkoliröschen gießen.

7 Kalbsbraten aus dem Backofen nehmen, warm stellen. Fleischbrühe in den Bratenfond einrühren und aufkochen lassen. Sauce pürieren und evtl. mit Salz und Pfeffer abschmecken.

8 Kalbsbraten in Scheiben schneiden, mit Sauce, Gnocchi und Brokkoliröschen servieren.

# Kalbsfilet in Senfsauce
(4 Portionen)

1 Kalbsfilet (etwa 800 g)
Salz
frisch gemahlener Pfeffer
1 TL gerebelter Thymian
4 EL Olivenöl
3 Schalotten
75 ml trockener Wermut, z. B. Noilly Prat
150 g Schlagsahne
2 EL Senf, z. B. Dijon-Senf

1 Topf Estragon

*Zubereitungszeit: 30 Minuten*
*Garzeit: etwa 75 Minuten*

*Pro Portion:*
*E: 42 g, F: 29 g, Kh: 4 g, kJ: 1944, kcal: 464*

1 Den Backofen bei Ober-/Unterhitze auf 80 °C vorheizen. Eine Auflaufform mit niedrigem Rand auf dem Rost (mittlere Schiene) miterwärmen.

2 Kalbsfilet unter fließendem kalten Wasser abspülen, trockentupfen, evtl. vorhandenes Fett und Sehnen abschneiden. Filet mit Salz, Pfeffer und Thymian bestreuen. Olivenöl in einer Pfanne erhitzen. Das Filet darin von allen Seiten in etwa 8 Minuten gut anbraten.

3 Das Kalbsfilet in die vorgewärmte Auflaufform legen und die Form auf dem Rost in den Backofen schieben. Das Filet etwa 15 Minuten garen.

4 In der Zwischenzeit Schalotten abziehen, halbieren und in Würfel schneiden. Schalottenwürfel in der Pfanne mit dem Bratensatz unter Rühren anbraten. Wermut, Sahne und Senf einrühren und kurz aufkochen lassen.

5 Sauce zum Kalbsfilet in die Auflaufform gießen. Die Form zurück in den Backofen schieben und das Filet weitere etwa 60 Minuten garen.

6 Estragon abspülen, trockentupfen und die Blättchen von den Stängeln zupfen. Blättchen fein schneiden und in die Sauce rühren.

Beilage: *Nudeln.*

Tipp: *Statt Kalbsfilet können Sie auch Schweinefilet nehmen. Die Garzeit beträgt dann etwa 60 Minuten.*

# Kalbstafelspitz mit Schmorkohl
(4 Portionen)

750 g Tafelspitz vom Kalb
Salz
frisch gemahlener Pfeffer
3 EL Olivenöl

600 g neue kleine Kartoffeln
200 g Rosenkohl
500 g Wirsingkohl
1 Zwiebel
100 ml Gemüsebrühe

2 EL Schnittlauchröllchen

*Zubereitungszeit: 30 Minuten*
*Garzeit: etwa 5 Stunden*

*Pro Portion:*
*E: 46 g, F: 11 g, Kh: 21 g,*
*kJ: 1576, kcal: 376*

Tipp: *Unter das Gemüse einen Esslöffel Crème fraîche rühren. Sie können dieses Rezept auch mit 750 g Schweinekotelett am Stück (ohne Knochen) zubereiten.*

1 Den Backofen bei Ober-/Unterhitze auf 80 °C vorheizen. Einen feuerfesten Teller oder eine Auflaufform mit niedrigem Rand auf dem Rost (unteres Drittel) miterwärmen.

2 Fleisch unter fließendem kalten Wasser abspülen, trockentupfen, mit Salz und Pfeffer würzen. Öl in einer Pfanne erhitzen. Das Fleisch darin in etwa 10 Minuten von allen Seiten gut anbraten, dann auf dem vorgewärmten Teller oder in der Auflaufform auf dem Rost in den Backofen schieben. Fleisch etwa 5 Stunden garen. Pfanne mit dem Bratensatz beiseite stellen.

3 Etwa 1 Stunde vor dem Ende der Garzeit Kartoffeln schälen, abspülen und mit Wasser bedeckt in einem Topf zum Kochen bringen. Kartoffeln etwa 10 Minuten kochen, anschließend abgießen.

4 Rosenkohl putzen, waschen und abtropfen lassen. Wasser mit Salz in einem Topf zum Kochen bringen und den Rosenkohl darin etwa 10 Minuten kochen lassen. Rosenkohl in ein Sieb geben und abtropfen lassen.

5 Vom Wirsing die äußeren welken Blätter entfernen, den Wirsing evtl. vierteln und den Strunk herausschneiden. Den Wirsing abspülen, abtropfen lassen und in Streifen schneiden. Zwiebel abziehen, halbieren und fein würfeln.

6 Beiseite gestellte Pfanne erhitzen. Zwiebelwürfel darin anbraten. Wirsingstreifen hinzufügen und unter Rühren ebenfalls kurz anbraten. Brühe hinzufügen. Kohl zugedeckt etwa 5 Minuten schmoren lassen.

7 Rosenkohl und Kartoffeln mit in die Pfanne geben. Das Ganze zugedeckt 8–10 Minuten garen, mit Salz und Pfeffer würzen. Kalbstafelspitz in Scheiben schneiden, mit Schmorkohl und mit Schnittlauch bestreut servieren.

# Lamm

Charaktervolles Lammfleisch nach unkomplizierten Rezepten zubereitet und langsam im Ofen gegart ist es wert, dass man etwas länger darauf wartet.

# Lammkeule mit Ratatouille und Rosmarinkartoffeln (6 Portionen)

etwa 2 kg Lammkeule
3–4 EL Speiseöl, z. B. Olivenöl
Salz
frisch gemahlener Pfeffer
2 EL Kräuter der Provence
3 Zwiebeln
3 Knoblauchzehen
100 ml trockener Wermut
400 ml Lammfond

1,2 kg kleine fest kochende Kartoffeln
6 EL Speiseöl, z. B. Olivenöl
1 gestr. TL Salz

600 g Zucchini
350 g Auberginen
750 g Tomaten
1 rote Paprikaschote
3–4 EL Speiseöl, z. B. Olivenöl
1 EL Tomatenmark
1 TL Rosmarinnadeln

*Zubereitungszeit: 30 Minuten*
*Garzeit: etwa 6 ½ Stunden*

*Pro Portion:*
*E: 66 g, F: 35 g, Kh: 42 g, kJ: 3230, kcal: 770*

1 Den Backofengrill auf 240 °C vorheizen. Von der Keule Fett und Sehnen entfernen. Lammkeule unter fließendem kalten Wasser abspülen, trockentupfen, mit Öl einstreichen, mit Salz, Pfeffer und Kräutern der Provence bestreuen und auf ein Backblech legen.

2 Das Backblech in den Backofen (unteres Drittel) schieben. Die Lammkeule etwa 15 Minuten grillen, dabei die Lammkeule einmal wenden. Dann den Grill ausschalten und den Backofen auf Ober-/Unterhitze 80 °C einstellen. Dabei die Backofentür einen kleinen Spalt öffnen, bis der Backofen die 80 °C erreicht hat. Dann die Backofentür wieder schließen.

3 Zwiebeln und Knoblauch abziehen, fein würfeln. Die Hälfte davon zur Lammkeule geben. Lammkeule etwa 6 ½ Stunden garen. Nach 2 Stunden Garzeit die Lammkeule wenden, den Wermut dazugießen. Nach weiteren 2 Stunden die Keule wieder wenden, den Lammfond hinzugießen.

4 Etwa 1 Stunde vor dem Ende der Garzeit Kartoffeln waschen und abtropfen lassen. Speiseöl in einer großen Pfanne erhitzen. Die Kartoffeln darin zugedeckt bei mittlerer Hitze etwa 40 Minuten garen. Salz und evtl. etwas Wasser hinzugeben und die Kartoffeln gelegentlich umrühren.

5 Zucchini, Auberginen und Tomaten waschen und trockentupfen. Von den Zucchini und Auberginen die Enden abschneiden. Tomaten halbieren, Stängelansätze herausschneiden. Paprikaschote halbieren, entstielen, entkernen und die weißen Scheidewände entfernen. Schote waschen und abtropfen lassen. Gemüse in Würfel schneiden.

6 Öl in einer großen Pfanne erhitzen. Zuerst die Zucchiniwürfel darin anbraten. Restliche Zwiebel- und Knoblauchwürfel, Auberginen-, Paprika- und Tomatenwürfel nach und nach hinzufügen und mitbraten. Tomatenmark hinzufügen, Gemüse etwa 20 Minuten schmoren lassen. Ratatouille mit Salz, Pfeffer und Kräutern der Provence abschmecken. Die Kartoffeln mit Salz und Rosmarinnadeln würzen.

# Lammkrone mit Bohnen-Tomaten-Gemüse
(4 Portionen)

1 Lammkrone (etwa 1,2 kg, beim Metzger vorbestellen)
3 EL Speiseöl, z. B. Olivenöl
Salz
1–2 gestr. TL Pul Biber (geschrotete Pfefferschoten)
3 EL Speiseöl, z. B. Olivenöl

500 g grüne Bohnen
2 Zwiebeln
2 Knoblauchzehen
3 EL Speiseöl, z. B. Olivenöl
1 Dose passierte Tomaten (Einwaage 400 g)
Salz
frisch gemahlener Pfeffer
gerebelter Thymian
1 EL gehackte Petersilienblättchen

*Zubereitungszeit: 40 Minuten*
*Garzeit: etwa 60 Minuten*

*Pro Portion:*
*E: 50 g, F: 46 g, Kh: 8 g, kJ: 2682, kcal: 639*

1 Den Backofengrill auf etwa 240 °C vorheizen. Lammkrone unter fließendem kalten Wasser abspülen, trockentupfen, mit Speiseöl einstreichen, mit Salz und Pul Biber würzen. Krone mit Küchengarn zu einem Kreis zusammenbinden.

2 Öl in einem flachen Bräter erhitzen. Lammkrone darin anbraten. Den Bräter auf dem Rost (unteres Drittel) in den Backofen schieben, die Lammkrone 12–15 Minuten grillen.

3 Dann den Grill ausschalten. Backofen auf Ober-/Unterhitze 80 °C einstellen. Dabei die Backofentür einen kleinen Spalt öffnen, bis der Backofen die 80 °C erreicht hat. Backofentür schließen. Lammkrone etwa 60 Minuten garen.

4 Von den Bohnen die Enden abschneiden, die Bohnen evtl. abfädeln, waschen, abtropfen lassen und in etwa 3 cm lange Stücke schneiden. Zwiebeln und Knoblauch abziehen und in feine Würfel schneiden.

5 Öl in einem Topf erhitzen. Die Zwiebel- und Knoblauchwürfel darin anbraten. Bohnenstücke hinzufügen und kurz andünsten. Passierte Tomaten mit in den Topf geben. Das Bohnen-Tomaten-Gemüse etwa 12 Minuten köcheln lassen. Gemüse mit Salz, Pfeffer und Thymian abschmecken.

6 Die Lammkrone aus dem Backofen nehmen und auf einer Servierplatte mit dem Bohnen-Tomaten-Gemüse anrichten. Gemüse mit Petersilienblättchen bestreuen.

Beilage: *Petersilienkartoffeln.*

# Lammkarree mit weißen Bohnen
(4 Portionen)

2 Knoblauchzehen
2 Zwiebeln
1 Glas weiße Bohnen (Abtropfgewicht 490 g)
250 g Mini-Roma-Tomaten oder Cocktailtomaten
750 g Lammkarree (Rippenstück mit frei geschnittenen Rippen)
Salz
frisch gemahlener Pfeffer
4 EL Olivenöl
200 ml trockener Weißwein

1–2 Rosmarinzweige
½ TL gerebelter Thymian

*Zubereitungszeit: 20 Minuten*
*Garzeit: etwa 70 Minuten*

*Pro Portion:*
*E: 36 g, F: 32 g, Kh: 22 g, kJ: 2333, kcal: 556*

1 Den Backofen bei Ober-/Unterhitze auf 80 °C vorheizen. Knoblauch und Zwiebeln abziehen und fein würfeln. Bohnen in einem Sieb abtropfen lassen. Tomaten waschen und abtropfen lassen.

2 Lammkarree unter fließendem kalten Wasser abspülen, trockentupfen, evtl. vorhandenes Fett abschneiden. Lammkarree mit Salz und mit Pfeffer bestreuen. Olivenöl in einem großen flachen Bräter erhitzen. Lammkarree darin von allen Seiten in etwa 10 Minuten gut anbraten.

3 Zwiebel- und Knoblauchwürfel hinzufügen und kurz mitbraten. Wein einrühren und die Bohnen hinzufügen, einmal kurz aufkochen lassen. Den Bräter auf dem Rost (unteres Drittel) in den Backofen schieben und das Lammkarree etwa 70 Minuten garen.

4 Etwa 20 Minuten vor dem Ende der Garzeit Tomaten mit in den Bräter geben. Den Bräter zurück in den Backofen schieben und das Lammkarree zu Ende garen.

5 Rosmarin abspülen, trockentupfen und in kleinere Zweige zupfen. Bohnengemüse mit Salz, Pfeffer und Thymian abschmecken. Lammkarree in Stücke schneiden, auf den Bohnen und mit Rosmarin garniert servieren.

# Lammkeulenbraten
(6–8 Portionen)

1 Lammkeule, ohne Knochen (etwa 1,5 kg)
4 Knoblauchzehen
3 EL Olivenöl
Salz
frisch gemahlener Pfeffer

**Zum Bestreichen:**
1 Zwiebel
80 g Semmelbrösel
1 EL fein gehackte Petersilienblättchen
1 EL fein gehackte Rosmarinnadeln
1 EL fein gehackte Thymianblättchen
4 EL Olivenöl

*Zubereitungszeit: 30 Minuten*
*Garzeit: etwa 7 Stunden*

*Pro Portion:*
*E: 44 g, F: 20 g, Kh: 9 g,*
*kJ: 1629, kcal: 389*

1 Den Backofengrill auf 240 °C vorheizen. Von der Keule Fett und Sehnen entfernen. Lammkeule unter fließendem kalten Wasser abspülen und trockentupfen.

2 Knoblauch abziehen und in Stifte schneiden. Die Lammkeule mit den Knoblauchstiften spicken. Dazu die Lammkeule in gleichmäßigen Abständen mit einem scharfen spitzen Messer vorsichtig einschneiden und jeweils einen Knoblauchstift hineinstecken.

3 Die Lammkeule mit Öl einstreichen, mit Salz und Pfeffer würzen und auf ein Backblech legen. Das Backblech in den Backofen (unteres Drittel) schieben. Die Lammkeule etwa 15 Minuten grillen, dabei die Lammkeule einmal wenden.

4 Dann den Grill ausschalten und den Backofen auf Ober-/Unterhitze 80 °C einstellen. Dabei die Backofentür einen kleinen Spalt öffnen, bis der Backofen die 80 °C erreicht hat. Dann die Backofentür wieder schließen.

5 Zum Bestreichen die Zwiebel abziehen, halbieren und fein würfeln. Zwiebelwürfel mit Semmelbröseln, Kräutern und Olivenöl verrühren. Die Lammkeule damit bestreichen und wieder zurück in den Backofen schieben. Die Lammkeule etwa 7 Stunden garen.

6 Nach dem Ende der Garzeit die Ober-/Unterhitze ausschalten und den Backofengrill auf 240 °C einstellen. Die Lammkeule etwa 10 Minuten grillen, so dass die Kruste knusprig wird. Dann die Lammkeule in Scheiben schneiden und servieren.

Beilage: *Rosmarinkartoffeln und Tomatensalat.*

# Lammkeule mit Minzsauce

(6 Portionen)

**Für die Minzsauce:**

500 ml (½ l) Wasser
1 TL Salz
1 EL Zucker
4 Beutel Pfefferminztee
250 ml (¼ l) Kräuteressig

1 Lammkeule (etwa 1,2 kg, ohne Knochen)
3 abgezogene Knoblauchzehen
Chilipulver

3–4 EL Speiseöl, z. B. Olivenöl

1 kg grüne Bohnen
Wasser
2 gestr. TL Salz
2 Zwiebeln
50 g Butter
frisch gemahlener Pfeffer
1 EL Weizenmehl
2 EL kaltes Wasser
2 EL Minzeblätter, in Streifen geschnitten

*Zubereitungszeit: 30 Minuten, ohne Abkühlzeit*
*Garzeit: etwa 6 Stunden*

*Pro Portion:*
*E: 44 g, F: 22 g, Kh: 11 g, kJ: 1783, kcal: 425*

Beilage: *Kartoffeln.*

1 Für die Minzsauce Wasser mit Salz und Zucker aufkochen. Pfefferminztee damit aufbrühen, Essig hinzugießen und etwas abkühlen lassen.

2 Den Backofen bei Ober-/Unterhitze auf 80 °C vorheizen. Von der Keule Fett und Sehnen entfernen. Keule unter fließendem kalten Wasser abspülen, trockentupfen. Knoblauch durch eine Knoblauchpresse drücken, mit Salz vermengen und die Lammkeule innen damit einreiben. Keule mit Küchengarn zusammenbinden. Das Fleisch außen mit Salz und Chili einreiben.

3 Öl in einem großen flachen Bräter erhitzen. Das Fleisch darin in etwa 10 Minuten von allen Seiten gut anbraten. Minzsauce hinzugießen. Den Bräter auf dem Rost (unteres Drittel) in den Backofen schieben. Keule etwa 6 Stunden garen.

4 Etwa 40 Minuten vor dem Ende der Garzeit von den Bohnen die Enden abschneiden, die Bohnen evtl. abfädeln, waschen, abtropfen lassen und in etwa 3 cm lange Stücke schneiden. Wasser mit Salz in einem Topf zum Kochen bringen. Die Bohnenstücke hinzufügen und etwa 10 Minuten kochen lassen. Bohnen in ein Sieb geben, mit kaltem Wasser abschrecken und abtropfen lassen.

5 Zwiebeln abziehen, halbieren und in Würfel schneiden. Butter in einer großen Pfanne zerlassen und die Zwiebelwürfel darin andünsten. Bohnenstücke hinzufügen und kurz mitdünsten. Bohnen mit Salz und Pfeffer abschmecken.

6 Die Lammkeule aus dem Backofen nehmen, warm stellen. Sauce zum Kochen bringen. Mehl mit Wasser anrühren, in die Sauce einrühren, kurz aufkochen lassen und mit Salz und Pfeffer abschmecken. Minzeblätter unterrühren. Lammkeule in Scheiben schneiden, mit der Minzsauce und den Bohnen servieren.

# Lammrücken in Knoblauchsauce
(4 Portionen)

400 g Lammrücken, ohne Knochen
Salz
frisch gemahlener Pfeffer
4 EL Olivenöl

500 g grüne Bohnen
Wasser
1 gestr. TL Salz

3 Zwiebeln
5 Knoblauchzehen
200 g Schlagsahne
100 ml trockener Weißwein
½ TL gerebelter Thymian

1 Tomate
20 g Butter
½ TL gerebeltes Bohnenkraut

*Zubereitungszeit: 30 Minuten*
*Garzeit: etwa 30 Minuten*

*Pro Portion:*
*E: 23 g, F: 44 g, Kh: 8 g,*
*kJ: 2277, kcal: 543*

1 Den Backofen bei Ober-/Unterhitze auf 80 °C vorheizen. Einen feuerfesten Teller oder eine Auflaufform mit niedrigem Rand auf dem Rost (mittlere Schiene) miterwärmen.

2 Lammrücken unter fließendem kalten Wasser abspülen, trockentupfen, evtl. vorhandenes Fett und Sehnen abschneiden. Lammrücken mit Salz und Pfeffer würzen.

3 Öl in einer Pfanne erhitzen. Lammrücken darin in etwa 6 Minuten von allen Seiten gut anbraten. Dann den Lammrücken auf dem vorgewärmten Teller oder in der Auflaufform auf dem Rost in den Backofen schieben und etwa 30 Minuten garen. Pfanne mit dem Bratensatz beiseite stellen.

4 Bohnen putzen, evtl. abfädeln, waschen, abtropfen lassen. Wasser mit Salz in einem Topf zum Kochen bringen und die Bohnen darin 7–10 Minuten kochen lassen. Bohnen in einem Sieb abtropfen lassen.

5 Zwiebeln und Knoblauch abziehen und in Würfel schneiden. Beiseite gestellte Pfanne erwärmen und die Zwiebel- und Knoblauchwürfel darin anbraten.

6 Sahne und Wein hinzugießen und unterrühren. Sauce etwa 5 Minuten köcheln lassen, dann mit Thymian, Salz und Pfeffer abschmecken.

7 Tomate waschen, abtrocknen, halbieren, Stängelansatz herausschneiden. Tomate entkernen und in Streifen schneiden. Butter in einer Pfanne zerlassen. Bohnen darin erwärmen, mit Salz, Pfeffer und Bohnenkraut würzen. Tomatenstreifen dazugeben und kurz miterwärmen. Lammrücken in Scheiben schneiden, mit Knoblauchsauce und Bohnengemüse servieren.

Beilage: *Schupfnudeln.*

# Rollbraten von der Lammschulter
(4 Portionen)

1 Lammschulter, ohne Knochen (etwa 800 g, vom Metzger auslösen lassen)
Salz
frisch gemahlener Pfeffer
2 Zwiebeln
2 Knoblauchzehen
5 EL Olivenöl
250 ml (¼ l) Fleischbrühe
150 ml trockener Weißwein
600 g Tomaten

1–2 Rosmarinzweige

*Zubereitungszeit: 30 Minuten*
*Garzeit: etwa 6 Stunden*

*Pro Portion:*
*E: 40 g, F: 26 g, Kh: 6 g, kJ: 1847, kcal: 440*

1 Den Backofen bei Ober-/Unterhitze auf 80 °C vorheizen. Lammschulter unter fließendem kalten Wasser abspülen, trockentupfen und Fett und Sehnen abschneiden. Lammschulter mit Salz und Pfeffer bestreuen.

2 Lammschulter aufrollen und mit Küchengarn zusammenbinden. Zwiebeln und Knoblauch abziehen und fein würfeln. Olivenöl in einem großen flachen Bräter erhitzen. Den Rollbraten darin von allen Seiten in etwa 10 Minuten gut anbraten.

3 Zwiebel- und Knoblauchwürfel dazugeben und kurz mitbraten. Brühe und Wein hinzugießen, unterrühren und kurz aufkochen lassen. Den Bräter auf dem Rost (unteres Drittel) in den Backofen schieben und den Rollbraten etwa 6 Stunden garen.

4 Etwa 3 Stunden vor dem Ende der Garzeit Tomaten waschen, abtrocknen, halbieren und die Stängelansätze herausschneiden. Tomaten in Stücke schneiden. Rosmarin abspülen und trockentupfen. Von einem Zweig die Nadeln zupfen. Nadeln hacken. Den zweiten Zweig in kleinere Zweige zupfen.

5 Tomatenstücke mit in den Bräter geben, mit Salz, Pfeffer und gehackten Rosmarinnadeln würzen. Den Bräter zurück in den Backofen schieben und den Rollbraten zu Ende garen.

6 Vom Rollbraten das Küchengarn entfernen. Den Rollbraten in Scheiben schneiden, mit Tomatengemüse und kleinen Rosmarinzweigen garniert servieren.

Beilage: *Gnocchi.*

# Lammhaxen
(4 Portionen)

4 Lammhinterhaxen (je etwa 400 g)
Salz
frisch gemahlener Pfeffer
½ TL Pul Biber (geschrotete Pfefferschoten)
3 EL Olivenöl

2 Zwiebeln
4 Knoblauchzehen
400 g Zucchini
4 Tomaten
1 EL gerebeltes Rosmarin
1 TL gerebelter Thymian

*Zubereitungszeit: 30 Minuten*
*Garzeit: etwa 5 ½ Stunden*

*Pro Portion:*
*E: 61 g, F: 17 g, Kh: 6 g, kJ: 1793, kcal: 429*

1 Den Backofen bei Ober-/Unterhitze auf 80 °C vorheizen. Lammhaxen unter fließendem kalten Wasser abspülen, trockentupfen und Fett und Sehnen abschneiden. Lammhaxen mit Salz, Pfeffer und Pul Biber bestreuen.

2 Öl in einem großen flachen Bräter erhitzen. Die Haxen darin von allen Seiten in etwa 8 Minuten gut anbraten. Den Bräter auf dem Rost (unteres Drittel) in den Backofen schieben und die Lammhaxen etwa 5 ½ Stunden garen.

3 Etwa 2 Stunden vor dem Ende der Garzeit Zwiebeln und Knoblauchzehen abziehen und fein würfeln. Zucchini und Tomaten waschen und abtropfen lassen.

4 Von der Zucchini die Enden abschneiden und die Zucchini in etwa 1 cm große Würfel schneiden. Tomaten halbieren und die Stängelansätze herausschneiden. Tomaten würfeln.

5 Zwiebel-, Knoblauch-, Zucchini- und Tomatenwürfel mit in den Bräter geben. Gemüse mit Rosmarin und Thymian würzen. Den Bräter zurück in den Backofen schieben und die Lammhaxen zu Ende garen.

6 Die Lammhaxen vom Knochen und dann in Scheiben schneiden. Lammhaxenscheiben auf dem Zucchini-Tomaten-Gemüse servieren.

# Schlemmerstückchen mit Kruste, provenzalisch (4 Portionen)

600 g Lammkarree ohne Knochen
Salz
3 EL Olivenöl

1 EL grüne Pfefferkörner in Lake
1 geh. EL mittelscharfer Senf
50 g Semmelbrösel
1–2 EL Olivenöl

**Für das Gemüse:**
je 1 kleine rote, gelbe und grüne Paprikaschote
1 Zucchini (etwa 250 g)
6–8 kleine Schalotten (etwa 300 g)
200 g Cocktailtomaten
½ Topf Thymian
1 EL Olivenöl
100 ml heiße Gemüsebrühe

*Zubereitungszeit: 20 Minuten*
*Garzeit: etwa 1 Stunde*

*Pro Portion:*
*E: 35 g, F: 25 g, Kh: 18 g,*
*kJ: 1828, kcal: 436*

Beilage: *Folienkartoffeln mit Kräuterquark.*

1 Den Backofen bei Ober-/Unterhitze auf 80 °C vorheizen. Einen großen feuerfesten Teller oder eine Auflaufform mit niedrigem Rand auf dem Rost (mittlere Schiene) miterwärmen.

2 Lammkarree unter fließendem kalten Wasser abspülen und trockentupfen, mit Salz bestreuen. Öl in einer Pfanne erhitzen. Lammkarree von allen Seiten darin in etwa 5 Minuten gut anbraten.

3 Pfefferkörner abtropfen lassen, mit einem Messer oder im Mörser fein zerdrücken und mit Senf verrühren, evtl. pürieren. Semmelbrösel und Olivenöl unterrühren. Lammkarree mit der Mischung bestreichen, auf dem vorgewärmten Teller oder in der Auflaufform in den Backofen schieben. Lammkarree etwa 60 Minuten garen. Pfanne mit dem Bratensatz beiseite stellen.

4 Etwa 30 Minuten vor dem Ende der Garzeit für das Gemüse Paprikaschoten halbieren, entstielen, entkernen und die weißen Scheidewände entfernen. Schoten waschen, abtropfen lassen und in Würfel schneiden.

5 Zucchini waschen, abtrocknen und die Enden abschneiden. Zucchini in große Würfel schneiden. Schalotten abziehen. Tomaten waschen, abtropfen lassen und die Stängelansätze herausschneiden. Thymian abspülen und trockentupfen. Die Blättchen von den Stängeln zupfen, einige zum Garnieren beiseite legen, die restlichen fein hacken.

6 Beiseite gestellte Pfanne mit dem Bratensatz erwärmen. Öl hinzufügen. Paprika-, Zucchiniwürfel, Schalotten und Tomaten hinzugeben und andünsten. Gemüse mit Salz, Pfeffer, Knoblauch und Thymian würzen. Brühe hinzugießen.

7 Schlemmerstücke aus dem Backofen nehmen, in dicke Scheiben schneiden und mit den beiseite gelegten Thymianblättchen garniert servieren.

# Lammschulter mit orientalischem Reis
(4–6 Portionen)

1 Lammschulter (etwa 1,8 kg)
4 EL Speiseöl, z. B. Olivenöl
Salz, frisch gemahlener Pfeffer
1 EL gerebelter Thymian

2 Zwiebeln
2 Knoblauchzehen
400 ml Lammfond
100 ml trockener Wermut

1 Dose Kichererbsen (Abtropfgewicht 265 g)
600 ml Fleischbrühe
300 g Basmati-Reis
80 g Rosinen
80 g abgezogene Mandeln
1 Döschen Safran (0,2 g)
¼ gestr. TL gemahlener Kreuzkümmel
¼ gestr. TL Chilipulver

**Für die Salatbeilage:**
3 gelbe Paprikaschoten
½ Salatgurke
½ rote Zwiebel
einige küchenfertig vorbereitete Friséeblättchen

*Zubereitungszeit: 30 Minuten*
*Garzeit: etwa 7 Stunden*

*Pro Portion:*
*E: 72 g, F: 39 g, Kh: 77 g, kJ: 4072, kcal: 973*

1 Den Backofengrill auf etwa 240 °C vorheizen. Von der Schulter Fett und Sehnen entfernen. Die Lammschulter unter fließendem kalten Wasser abspülen, trockentupfen, mit Speiseöl einstreichen, mit Salz, Pfeffer und Thymian würzen und auf ein Backblech legen.

2 Backblech in den Backofen schieben. Die Lammschulter von jeder Seite 7–8 Minuten grillen. Dann den Grill ausschalten und den Backofen auf Ober-/Unterhitze 80 °C einstellen. Die Backofentür einen kleinen Spalt öffnen, bis der Backofen die 80 °C erreicht hat. Backofentür wieder schließen und die Lammschulter etwa 7 Stunden garen.

3 Nach 2 Stunden Garzeit Zwiebeln und Knoblauch abziehen und in feine Würfel schneiden. Die Lammschulter wenden und die Zwiebel- und Knoblauchwürfel dazugeben. Nach weiteren 2 Stunden Garzeit die Lammschulter wieder wenden. Lammfond und Wermut dazugießen.

4 Etwa 45 Minuten vor dem Ende der Garzeit Kichererbsen in einem Sieb abtropfen lassen. Fleischbrühe in einem Topf zum Kochen bringen. Reis hinzufügen und zugedeckt bei schwacher Hitze etwa 20 Minuten quellen lassen. Nach etwa 10 Minuten Quellzeit Kichererbsen, Rosinen und Mandeln unterrühren. Den Reis mit Safran, Kreuzkümmel und Chilipulver würzen und warm stellen.

5 Für die Salatbeilage Paprikaschoten halbieren, entstielen, entkernen und die weißen Scheidewände entfernen. Schoten waschen und abtropfen lassen. Gurke waschen, abtrocknen und in dünne Scheiben hobeln. Zwiebel abziehen, fein würfeln. Jede Paprikahälfte mit Gurkenscheiben und Zwiebelwürfeln füllen und mit den Friséeblättern dekorativ auf den Tellern anrichten. Nach Belieben mit Salz und Pfeffer bestreuen.

6 Die Lammschulter aus dem Backofen nehmen. Fleisch vom Knochen schneiden. Das Fleisch in Scheiben schneiden und mit Reis, Bratenfond und der Salatbeilage servieren.

# Lammfilet mit Artischocken-Bohnen-Gemüse (4 Portionen)

650 g Lammfilet
Salz
frisch gemahlener Pfeffer
3 EL Speiseöl, z. B. Rapsöl

500 g grüne Bohnen
Wasser
1 gestr. TL Salz

4 Tomaten
1 Zwiebel
2 Knoblauchzehen
1 Dose Artischockenherzen
(Abtropfgewicht 240 g)
70 g gewürfelter roher Schinken
1–2 Rosmarinstängel
1–2 Thymianstängel

*Zubereitungszeit: 60 Minuten*
*Garzeit: etwa 40 Minuten*

*Pro Portion:*
*E: 41 g, F: 14 g, Kh: 8 g,*
*kJ: 1382, kcal: 329*

Beilage: *Salzkartoffeln.*

1 Den Backofen bei Ober-/Unterhitze auf 80 °C vorheizen. Einen großen feuerfesten Teller oder eine Auflaufform mit niedrigem Rand auf dem Rost (mittlere Schiene) miterwärmen.

2 Lammfilet unter fließendem kalten Wasser abspülen, trockentupfen und mit Salz und Pfeffer bestreuen.

3 Öl in einer Pfanne erhitzen. Lammfilet darin von allen Seiten in etwa 5 Minuten gut anbraten. Dann das Lammfilet auf dem vorgewärmten Teller oder in der Auflaufform in den Backofen schieben und etwa 40 Minuten garen. Pfanne mit dem Bratensatz beiseite stellen.

4 Von den Bohnen die Enden abschneiden, die Bohnen evtl. abfädeln, waschen, abtropfen lassen und in etwa 3 cm lange Stücke schneiden. Wasser mit Salz in einem Topf zum Kochen bringen. Die Bohnenstücke hinzufügen und etwa 10 Minuten kochen lassen. Bohnen in ein Sieb geben, mit kaltem Wasser abschrecken und abtropfen lassen.

5 Tomaten waschen, abtropfen lassen, kreuzweise einschneiden, kurz in kochendes Wasser legen und in kaltem Wasser abschrecken. Tomaten enthäuten, halbieren. Stängelansätze herausschneiden. Tomaten in größere Würfel schneiden. Zwiebel und Knoblauch abziehen, fein würfeln. Artischockenherzen in einem Sieb abtropfen lassen und vierteln.

6 Beiseite gestellte Pfanne mit dem Bratensatz erhitzen. Die Zwiebel-, Knoblauch- und Schinkenwürfel darin andünsten. Tomatenwürfel und Bohnenstücke hinzufügen und etwa 5 Minuten schmoren lassen. Dann die Artischockenviertel unter das Gemüse rühren und miterwärmen.

7 Kräuterstängel abspülen und trockentupfen. Die Blättchen bzw. die Nadeln von den Stängeln zupfen. Das Gemüse mit Salz, Pfeffer, Thymian und Rosmarin abschmecken.

# Lammrückenfilets mit Gemüse
(4 Portionen)

4 Lammrückenfilets (je 150 g)

4 EL Olivenöl

1 Zwiebel
1 rote Paprikaschote (150 g)
1 kleine Zucchini (100 g)
12 schwarze Oliven, entsteint
½ EL fein gehackter, frischer Thymian
100 ml Fleischbrühe
Salz
frisch gemahlener Pfeffer

einige Zweige Thymian
150 ml Remoulade

*Zubereitungszeit: 30 Minuten, ohne Abkühlzeit*
*Garzeit: etwa 40 Minuten*

*Pro Portion:*
*E: 31 g, F: 56 g, Kh: 9 g, kJ: 2769, kcal: 662*

1 Den Backofen bei Ober-/Unterhitze auf 80 °C vorheizen. Einen großen feuerfesten Teller oder eine Auflaufform mit niedrigem Rand auf dem Rost (mittlere Schiene) miterwärmen.

2 Lammrückenfilets unter fließendem kalten Wasser abspülen, trockentupfen und mit Salz und Pfeffer würzen. Olivenöl in einer Pfanne erhitzen. Lammrückenfilets darin von allen Seiten in 5 Minuten gut anbraten. Die Filets auf dem Teller oder in der Auflaufform in den Backofen schieben und etwa 40 Minuten garen. Die Pfanne mit dem Bratensatz beiseite stellen.

3 In der Zwischenzeit Zwiebel abziehen und in kleine Würfel schneiden. Paprika halbieren, entstielen, entkernen und die weißen Scheidewände entfernen. Die Schote waschen, trockentupfen und ebenfalls in kleine Würfel schneiden (1 Esslöffel Paprikawürfel beiseite legen). Zucchini waschen, abtrocknen und die Enden abschneiden. Zucchini fein würfeln.

4 Die beiseite gestellte Pfanne mit dem Bratensatz erhitzen und vorbereitete Gemüsewürfel darin andünsten. 7 Oliven vierteln, restliche Oliven klein hacken und beiseite legen. Olivenviertel und Thymian zu den Gemüsewürfeln geben, Brühe hinzugießen und mit Salz und Pfeffer abschmecken. Das Gemüse etwa 5 Minuten dünsten.

5 Remoulade mit den beiseite gelegten Olivenstücken und Paprikawürfeln vermengen und kurz durchziehen lassen.

6 Die Filets mit dem Gemüse und der Remoulade anrichten und mit Thymian garniert servieren.

Beilage: *Röst- oder Bratkartoffeln und gemischter Blattsalat.*

# Geflügel

Das zarte und milde Geflügelfleisch bietet unzählige Genussmöglichkeiten. Kombiniert mit frischen Kräutern und anderen feinen Zutaten versprechen diese Gerichte außergewöhnliche kulinarische Freuden.

# Bio-Hähnchen, süß-sauer

(4 Portionen)



1 Bio- oder Freilandhähnchen (etwa 1,2 kg)
Salz
frisch gemahlener Pfeffer
4 EL Speiseöl, z. B. Rapsöl
2 Zwiebeln
200 ml Hühnerbrühe

1 gelbe Paprikaschote
1 rote Paprikaschote
1 Ananas (etwa 400 g Fruchtfleisch)
150 g Tomatenketchup
1 TL rote Currypaste
2 gestr. TL gemahlenes Zitronengras, z. B. von Fuchs

*Zubereitungszeit: 30 Minuten*
*Garzeit: etwa 5 Stunden*

*Pro Portion:*
*E: 45 g, F: 21 g, Kh: 28 g, kJ: 2113, kcal: 506*

1 Den Backofen bei Ober-/Unterhitze auf 80 °C vorheizen. Das Hähnchen in 8 Stücke teilen. Hähnchenstücke unter fließendem kalten Wasser abspülen und trockentupfen. Fett und Sehnen abschneiden. Hähnchenstücke mit Salz und Pfeffer würzen.

2 Speiseöl in einem Bräter mit niedrigem Rand erhitzen. Die Hähnchenstücke darin in etwa 10 Minuten von allen Seiten gut anbraten.

3 Zwiebeln abziehen, fein würfeln und im Bräter ebenfalls anbraten. Brühe einrühren, kurz aufkochen lassen und den Bräter auf dem Rost (mittlere Schiene) in den Backofen schieben. Hähnchen etwa 5 Stunden garen.

4 Etwa 2 Stunden vor dem Ende der Garzeit Paprikaschoten halbieren, entstielen, entkernen und die weißen Scheidewände entfernen. Schoten waschen, abtropfen lassen und in Streifen schneiden. Paprikastreifen mit zum Hähnchen in den Bräter geben. Bräter zurück in den Backofen schieben.

5 Etwa 1 Stunde vor dem Ende der Garzeit von der Ananas Schopf mit Stielansatz und dem obersten Stück Schale abschneiden. Ananas der Länge nach vierteln und den inneren Strunk herausschneiden. Ananas schälen. Fruchtfleisch zuerst in etwa 1 cm dicke Scheiben, dann in Stücke schneiden.

6 Paprikastreifen mit Ketchup und Currypaste verrühren und mit Salz, Pfeffer und Zitronengras würzen. Ananasstücke ebenfalls in den Bräter geben. Den Bräter zurück in den Backofen schieben und das Hähnchen zu Ende garen.

Beilage: *Basmatireis.*

# Putenbrust mit Fenchel
## (4 Portionen)

1 kg Putenbrust
Salz
frisch gemahlener Pfeffer
3 EL Speiseöl, z. B. Rapsöl

2–3 Fenchelknollen (etwa 800 g)
200 ml trockener Weißwein
2 EL Zitronensaft
1 gestr. TL Salz
1 Prise Zucker

400 g Champignons
1 Bund Frühlingszwiebeln
80 g getrocknete Tomaten, in Öl eingelegt
200 ml Geflügelfond
100 g Schlagsahne

*Zubereitungszeit: 50 Minuten*
*Garzeit: etwa 4 Stunden*

*Pro Portion:*
*E: 57 g, F: 17 g, Kh: 10 g, kJ: 1876, kcal: 449*

Beilage: *Spätzle.*

1 Den Backofen bei Ober-/Unterhitze auf 80 °C vorheizen. Einen großen feuerfesten Teller oder eine Auflaufform mit niedrigem Rand auf dem Rost (mittlere Schiene) miterwärmen.

2 Putenbrust unter fließendem kalten Wasser abspülen, trockentupfen und mit Salz und Pfeffer bestreuen. Öl in einer Pfanne erhitzen. Die Putenbrust darin in etwa 6 Minuten von allen Seiten gut anbraten. Dann die Putenbrust auf dem vorgewärmten Teller oder in der Auflaufform in den Backofen schieben und etwa 4 Stunden garen. Die Pfanne mit dem Bratensatz beiseite stellen.

3 Etwa 45 Minuten vor dem Ende der Garzeit von den Fenchelknollen die Stiele dicht oberhalb der Knollen abschneiden, braune Stellen und Blätter entfernen und die Wurzelenden gerade schneiden. Die Knollen waschen, abtropfen lassen und halbieren.

4 Die Fenchelhälften in einen großen flachen Topf legen. Weißwein mit Zitronensaft, Salz und Zucker verrühren und zu den Fenchelhälften gießen. Das Ganze zum Kochen bringen und zugedeckt etwa 20 Minuten köcheln lassen.

5 Champignons putzen, mit Küchenpapier abreiben, evtl. abspülen, trockentupfen und in Scheiben schneiden. Frühlingszwiebeln putzen, waschen, abtropfen lassen und in etwa 2 cm lange Stücke schneiden. Tomaten in einem Sieb etwas abtropfen lassen und in kleine Stücke schneiden.

6 Beiseite gestellte Pfanne mit dem Bratensatz erhitzen und die Champignonscheiben darin anbraten. Geflügelfond und Sahne hinzugießen. Sauce etwa 5 Minuten köcheln lassen. Frühlingszwiebel- und Tomatenstücke in die Sauce geben und miterwärmen.

7 Putenbrust aus dem Backofen nehmen. Bratensaft in die Sauce einrühren. Braten in Scheiben schneiden, auf der Gemüsesauce anrichten und mit den Fenchelhälften servieren.

# Putenbraten mit Aprikosensauce
(6 Portionen)

1,25 kg Putenbrust
Salz
frisch gemahlener Pfeffer
gemahlener Koriander
3 EL Speiseöl, z. B. Rapsöl

**Für die Sauce:**
200 g getrocknete Aprikosen
2 TL abgeriebene Schale von
1 Bio-Orange (unbehandelt, ungewachst)
250 ml (¼ l) Orangensaft
2 TL fein gewürfelte Ingwerwurzel
2 EL Weißweinessig
Salz
2 EL Aprikosenkonfitüre
250 ml (¼ l) Weißwein
4 EL Sojasauce

6 l Wasser
6 gestr. TL Salz
600 g grüne Bandnudeln

1 EL Speisestärke
2 EL kaltes Wasser

*Zubereitungszeit: 25 Minuten*
*Garzeit: etwa 5 Stunden*

*Pro Portion:*
*E: 65 g, F: 10 g, Kh: 99 g,*
*kJ: 3321, kcal: 794*

1 Den Backofen bei Ober-/Unterhitze auf 80 °C vorheizen. Putenbrust unter fließendem kalten Wasser abspülen, trockentupfen und mit Salz, Pfeffer und Koriander bestreuen.

2 Öl in einem großen flachen Bräter erhitzen. Putenbrust darin in etwa 8 Minuten von allen Seiten gut anbraten.

3 Für die Sauce Aprikosen in kleine Stücke schneiden und mit Orangenschale, -saft, Ingwer, Essig, Salz, Konfitüre, Wein und Sojasauce vermischen. Die Aprikosenmischung zur angebratenen Putenbrust in den Bräter geben.

4 Den Bräter auf dem Rost (unteres Drittel) in den Backofen schieben und die Putenbrust etwa 5 Stunden garen.

5 Etwa 30 Minuten vor dem Ende der Garzeit Wasser in einem großen Topf, mit geschlossenem Deckel, zum Kochen bringen. Dann Salz und Nudeln hineingeben. Die Nudeln im geöffneten Topf, bei mittlerer Hitze, nach Packungsanleitung kochen lassen, dabei gelegentlich umrühren.

6 Dann die Nudeln in ein Sieb geben, mit heißem Wasser abspülen und abtropfen lassen. Nudeln warm stellen.

7 Den Bräter aus dem Backofen nehmen, Putenbraten warm stellen. Speisestärke mit Wasser anrühren, in die Aprikosensauce einrühren und kurz aufkochen lassen. Die Sauce mit Salz und Pfeffer abschmecken. Den Putenbraten in Scheiben schneiden, mit der Aprikosensauce und den Bandnudeln servieren.

Tipp: *Die Putenbrust mit Koriandergrün garniert servieren.*

# Putenbrust „Indische Art“
(4 Portionen)

600 g Putenbrustfilet
Salz
frisch gemahlener Pfeffer
2 Zwiebeln
3 EL Speiseöl, z. B. Rapsöl

400 g Knollensellerie
100 ml Hühnerbrühe
2 säuerliche Äpfel, z. B. Cox Orange
2 Bananen
20 g Ingwer
1–2 EL Crème fraîche
1 TL Currypulver

*Zubereitungszeit: 35 Minuten*
*Garzeit: etwa 50 Minuten*

*Pro Portion:*
*E: 39 g, F: 12 g, Kh: 20 g,*
*kJ: 1469, kcal: 352*

1 Den Backofen bei Ober-/Unterhitze auf 80 °C vorheizen. Einen feuerfesten Teller oder eine Auflaufform mit niedrigem Rand auf dem Rost (mittlere Schiene) miterwärmen.

2 Putenbrust unter fließendem kalten Wasser abspülen, trockentupfen und in etwas größere Stücke schneiden, mit Salz und Pfeffer würzen. Zwiebeln abziehen, halbieren und fein würfeln.

3 Öl in einer Pfanne erhitzen. Zuerst die Zwiebelwürfel darin anbraten, dann die Fleischstücke darin von allen Seiten in etwa 6 Minuten anbraten. Die Fleischstücke mit den Zwiebeln auf dem vorgewärmten Teller oder in der Auflaufform auf dem Rost in den Backofen schieben und etwa 50 Minuten garen. Pfanne mit dem Bratensatz beiseite stellen.

4 Sellerie schälen, abspülen, abtropfen lassen und in kleine Würfel schneiden. Beiseite gestellte Pfanne erwärmen und die Selleriewürfel darin etwa 10 Minuten braten. Brühe hinzugießen und kurz aufkochen lassen.

5 Äpfel, Bananen und Ingwer schälen. Äpfel entkernen. Ingwer, Bananen und Äpfel in kleine Würfel schneiden, kurz mit in der Pfanne erwärmen. Sauce mit Crème fraîche verrühren und mit Currypulver, Salz und Pfeffer abschmecken. Putenbruststücke mit der Sauce servieren.

Beilage: *Reis mit Korianderblättchen und Apfelspalten garniert.*

# Putenrollbraten
(4–6 Portionen)

1 EL Kapern
80 g eingelegte, geröstete rote Paprika
50 g entsteinte schwarze Oliven
1 Putenbrust (etwa 1 kg)
Salz
frisch gemahlener Pfeffer
Paprikapulver edelsüß
200 g Doppelrahm-Frischkäse
4 EL Olivenöl

*Zubereitungszeit: 30 Minuten*
*Garzeit: etwa 4 ½ Stunden*

*Pro Portion:*
*E: 53 g, F: 21 g, Kh: 2 g,*
*kJ: 1720, kcal: 412*

1 Den Backofen bei Ober-/Unterhitze auf 80 °C vorheizen. Einen feuerfesten Teller oder eine Auflaufform mit niedrigem Rand auf dem Rost (mittlere Schiene) miterwärmen.

2 Kapern, Paprika und Oliven in einem Sieb abtropfen lassen. Paprika und Oliven in kleine Stücke schneiden oder hacken.

3 Putenbrust unter fließendem kalten Wasser abspülen und trockentupfen. Putenbrust waagerecht einschneiden, dabei das Fleisch nicht durchschneiden. Putenbrust aufklappen, mit Salz, Pfeffer und Paprikapulver bestreuen und mit Frischkäse bestreichen.

4 Kapern, Paprika- und Olivenstücke darauf verteilen und das Fleisch von der längeren Seite her aufrollen und mit Küchengarn zusammenbinden.

5 Öl in einer Pfanne erhitzen. Die Putenbrustrolle darin in etwa 8 Minuten von jeder Seite gut anbraten. Dann die Rolle auf dem vorgewärmten Teller oder in der Auflaufform in den Backofen schieben und etwa 4 ½ Stunden garen.

6 Zum Servieren das Küchengarn entfernen und den Rollbraten in Scheiben schneiden.

Beilage: *Rösti oder Kroketten und ein grüner Salat.*

Tipp: *Für eine Party den Putenrollbraten auf Salatblättern und mit Oliven anrichten.*

# Entenbrust mit Orangensauce
(4 Portionen)

2 Entenbrustfilets (je etwa 350 g)
Salz
frisch gemahlener Pfeffer
3 EL Speiseöl, z. B. Rapsöl
4 Orangen
40 ml Orangenlikör,
z. B. Grand Marnier
einige glatte Petersilienstängel

*Zubereitungszeit: 45 Minuten*
*Garzeit: etwa 30 Minuten*

*Pro Portion:*
*E: 30 g, F: 27 g, Kh: 15 g,*
*kJ: 1879, kcal: 448*

1 Den Backofen bei Ober-/Unterhitze auf 80 °C vorheizen. Einen großen feuerfesten Teller oder eine Auflaufform mit niedrigem Rand auf dem Rost (mittlere Schiene) miterwärmen.

2 Die Entenbrustfilets enthäuten, unter fließendem kalten Wasser abspülen, trockentupfen und mit Salz und Pfeffer würzen.

3 Öl in einer Pfanne erhitzen und die Entenbrustfilets von allen Seiten in etwa 6 Minuten gut anbraten. Entenbrustfilets auf dem vorgewärmten Teller oder in der Auflaufform in den Backofen schieben. Filets etwa 30 Minuten garen.

4 2 Orangen so schälen, dass die weiße Schale mit entfernt wird. Mit einem scharfen Messer die Filets herausschneiden, dabei den Saft auffangen. Restliche Orangen auspressen.

5 Orangensaft und Orangenlikör zum Bratensatz in die Pfanne geben und diesen unter Rühren loskochen. Sauce etwas einkochen lassen, Orangenfilets hinzufügen und kurz erwärmen. Sauce mit Salz und Pfeffer würzen.

6 Petersilie abspülen, trockentupfen und die Blättchen von den Stängeln zupfen. Die Blättchen hacken. Entenbrustfilets in Scheiben schneiden und mit der Orangensauce servieren, mit gehackten Petersilienblättchen garnieren.

Beilage: *Kroketten.*

# Vierländer Entenbraten
(4–6 Portionen)

1 Ente (etwa 2 kg)
Salz
frisch gemahlener Pfeffer
1–2 EL Speiseöl, z. B. Rapsöl
1 Zwiebel
250 g Zucchini
200 ml Apfelsaft
Saft von 1 Limette
etwa 10 frische Salbeiblätter
6 Nektarinen
100 g Schlagsahne

*Zubereitungszeit: 30 Minuten*
*Garzeit: etwa 6 Stunden*

*Pro Portion:*
*E: 60 g, F: 44 g, Kh: 25 g,*
*kJ: 3151, kcal: 751*

1 Den Backofen bei Ober-/Unterhitze auf 80 °C vorheizen. Die Ente in 8 Stücke teilen. Entenstücke unter fließendem kalten Wasser abspülen und trockentupfen. Fett und Sehnen abschneiden. Entenstücke mit Salz und Pfeffer würzen.

2 Speiseöl in einem Bräter mit niedrigem Rand erhitzen. Die Entenstücke darin zuerst auf der Hautseite anbraten, dann in etwa 10 Minuten von allen Seiten gut anbraten. Zwiebel abziehen, fein würfeln und im Bräter mitbraten.

3 Den Bräter auf dem Rost (unteres Drittel) in den Backofen schieben. Entenstücke etwa 6 Stunden garen.

4 Etwa 3 Stunden vor dem Ende der Garzeit Zucchini waschen, abtropfen lassen und die Enden abschneiden. Zucchini in etwa 1 cm große Würfel schneiden.

5 Apfel- und Limettensaft erwärmen, mit den Zucchiniwürfeln in den Bräter geben. Mischung mit Salz, Pfeffer und Salbei würzen. Den Bräter wieder zurück in den Backofen schieben und die Entenstücke weitergaren.

6 Etwa 1 Stunde vor dem Ende der Garzeit Nektarinen waschen, abtrocknen, halbieren und entsteinen. Nektarinen in Spalten schneiden. Sahne unter Rühren in den Bräter gießen und auch die Nektarinenspalten hinzufügen. Den Bräter wieder zurück in den Backofen schieben und die Entenstücke zu Ende garen.

Beilage: *Spätzle.*

Tipp: *Statt Nektarinen können Sie auch Pfirsiche oder Aprikosen verwenden.*

# Beschwipste Ente mit Süßkartoffeln
(4–6 Portionen)

1 Ente (etwa 2 kg)
Salz
frisch gemahlener Pfeffer

2 Zwiebeln
2 Knoblauchzehen
800 g Süßkartoffeln
einige Thymianstängel
250 ml (¼ l) heiße Hühnerbrühe
60 ml Rum (40 Vol.-%)

*Zubereitungszeit: 30 Minuten*
*Garzeit: etwa 6 Stunden*

*Pro Portion:*
*E: 59 g, F: 34 g, Kh: 33 g,*
*kJ: 3035, kcal: 723*

1 Den Backofen bei Ober-/Unterhitze auf 80 °C vorheizen. Die Ente unter fließendem kalten Wasser abspülen, trockentupfen, in 8 Stücke teilen. Fett und Sehnen abschneiden. Entenstücke mit Salz und Pfeffer würzen.

2 Einen Bräter mit flachem Rand erwärmen. Die Entenstücke zuerst mit der Hautseite nach unten darin anbraten, so dass das Fett unter der Haut ausbraten kann. Dann die Entenstücke in etwa 8 Minuten von allen Seiten gut anbraten.

3 Den Bräter auf dem Rost (unteres Drittel) in den Backofen schieben. Entenstücke etwa 6 Stunden garen.

4 Etwa 2 Stunden vor dem Ende der Garzeit Zwiebeln und Knoblauch abziehen und fein würfeln. Süßkartoffeln schälen, abspülen, abtropfen lassen und in etwa 1 cm große Würfel schneiden.

5 Thymian abspülen, trockentupfen und 1–2 Stängel kleiner zupfen, diese zum Garnieren beiseite legen. Von den restlichen Stängeln die Blätter abzupfen und fein schneiden.

6 Süßkartoffel-, Zwiebel- und Knoblauchwürfel mit in den Bräter geben. Heiße Brühe und Rum hinzugießen, unterrühren, mit Salz, Pfeffer und gehacktem Thymian abschmecken. Den Bräter zurück in den Backofen schieben und die Entenstücke zu Ende garen.

7 Die Entenstücke mit Süßkartoffeln und beiseite gelegtem Thymian garniert servieren.

Beilage: *Langkorn-Reis.*

# Gefüllte Hähnchenbrustfilets mit Zucchinigemüse (4 Portionen)

3 kleine Zucchini
60 g getrocknete Tomaten, in Öl eingelegt
50 g Rucola (Rauke)
4 Hähnchenbrustfilets (je etwa 150 g)
Salz
frisch gemahlener Pfeffer
4 EL Olivenöl
1 Zwiebel
1 Knoblauchzehe

*Zubereitungszeit: 30 Minuten*
*Garzeit: etwa 45 Minuten*

*Pro Portion:*
*E: 39 g, F: 13 g, Kh: 8 g, kJ: 1275, kcal: 305*

Beilage: *Salzkartoffeln.*

1 Den Backofen bei Ober-/Unterhitze auf 80 °C vorheizen. Einen feuerfesten Teller oder eine Auflaufform mit niedrigem Rand auf dem Rost (mittlere Schiene) miterwärmen.

2 Zucchini waschen, abtrocknen und die Enden abschneiden. Von einer Zucchini längs 8 dünne Scheiben abschneiden. Restliche Zucchini in Würfel schneiden. Tomaten in einem Sieb abtropfen lassen. Rucola waschen und trockentupfen, dickere Stängel abschneiden.

3 Hähnchenbrustfilets unter fließendem kalten Wasser abspülen und trockentupfen. Hähnchenbrustfilets der Länge nach waagerecht bis etwa zur Mitte einschneiden. Filets aufklappen und etwas flach klopfen.

4 Filets mit Salz und Pfeffer bestreuen, mit je 2 Zucchinischeiben, Tomaten und Rucola belegen. Filets wieder zusammenklappen und mit Holzstäbchen feststecken. Gefüllte Filets auch von außen mit Salz und Pfeffer bestreuen.

5 Olivenöl in einer Pfanne erhitzen und die gefüllten Hähnchenfilets darin in etwa 8 Minuten von allen Seiten gut anbraten. Dann die Filets auf dem vorgewärmten Teller oder in der Auflaufform auf dem Rost in den Backofen schieben. Hähnchenfilets etwa 45 Minuten garen.

6 Zwiebel und Knoblauch abziehen und in Würfel schneiden. Zwiebel- und Knoblauchwürfel in der Pfanne mit dem Bratensatz anbraten. Zucchiniwürfel hinzufügen und unter gelegentlichem Rühren etwa 5 Minuten braten. Zucchinigemüse mit Salz und Pfeffer abschmecken.

7 Holzstäbchen aus den gefüllten Hähnchenbrustfilets entfernen. Die Filets nach Belieben in Scheiben schneiden und auf dem Zucchinigemüse servieren.

# Scharfes Hähnchenbrustfilet mit Salat
(4 Portionen)

4 Hähnchenbrustfilets
(je etwa 150 g)
Salz
frisch gemahlener Pfeffer
4 EL Olivenöl

60 g Tomatenmark
2 TL Sambal Oelek
2 EL Olivenöl

**Für den Salat:**
1 rote Paprikaschote
1 rote Chilischote
1 kleine Zucchini
3 Frühlingszwiebeln
einige glatte Petersilienstängel
2 EL Weißweinessig
1 Prise Zucker
2 EL Olivenöl

*Zubereitungszeit: 20 Minuten*
*Garzeit: etwa 40 Minuten*

*Pro Portion:*
*E: 38 g, F: 14 g, Kh: 9 g,*
*kJ: 1296, kcal: 310*

1 Den Backofen bei Ober-/Unterhitze auf 80 °C vorheizen. Einen feuerfesten Teller oder eine Auflaufform mit niedrigem Rand auf dem Rost (mittlere Schiene) miterwärmen.

2 Hähnchenbrustfilets unter fließendem kalten Wasser abspülen, trockentupfen, mit Salz und Pfeffer würzen.

3 Olivenöl in einer Pfanne erhitzen. Die Hähnchenbrustfilets darin etwa 5 Minuten von jeder Seite gut anbraten.

4 Tomatenmark mit Sambal Oelek und Olivenöl verrühren, die Hähnchenbrustfilets damit bestreichen und auf dem vorgewärmten Teller oder in der Auflaufform auf dem Rost in den Backofen schieben. Hähnchenbrustfilets etwa 40 Minuten garen.

5 Für den Salat Paprikaschote halbieren, entstielen, entkernen und die weißen Scheidewände entfernen. Chilischote entstielen und entkernen. Schoten waschen und abtropfen lassen. Paprika in Streifen und Chilischote in Ringe schneiden.

6 Zucchini waschen, abtropfen lassen und die Enden abschneiden. Zucchini halbieren und in dünne Stifte schneiden. Frühlingszwiebeln putzen, abspülen, abtropfen lassen und in dünne Ringe schneiden. Petersilie abspülen, trockentupfen und die Blättchen von den Stängeln zupfen.

7 Essig mit Zucker und Olivenöl verrühren, mit Salz und Pfeffer abschmecken und mit den Salatzutaten vermischen.

8 Salat mit Petersilienblättchen bestreuen und mit den scharfen Hähnchenbrustfilets servieren.

# Gefüllte Putenfilets
(4 Portionen)

2 Putenfilets (je etwa 400 g)
Salz
frisch gemahlener,
weißer Pfeffer
Paprikapulver edelsüß

**Für die Füllung:**
75 g Zucchini
1 Bund Basilikum
150 g Schafskäse

30 g Butterschmalz
40 g Weizenmehl

**Für die Sauce:**
1 Becher (150 g) Crème fraîche
100 g Schlagsahne
1 EL Tomatenmark
Cayennepfeffer

*Zubereitungszeit: 40 Minuten*
*Garzeit: etwa 3 Stunden*

*Pro Portion:*
*E: 52 g, F: 36 g, Kh: 12 g,*
*kJ: 2580, kcal: 617*

1 Den Backofen bei Ober-/Unterhitze auf 80 °C vorheizen. Einen großen, feuerfesten Teller oder eine Auflaufform mit niedrigem Rand auf dem Rost (mittlere Schiene) miterhitzen.

2 Putenfilets unter fließendem kalten Wasser abspülen, trockentupfen und seitlich von der langen Seite aus eine Tasche einschneiden. Mit Salz, Pfeffer und Paprika bestreuen.

3 Für die Füllung Zucchini waschen, die Enden abschneiden und Zucchini in kleine Würfel schneiden. Basilikum abspülen, trockentupfen, die Blätter von den Stängeln zupfen und in feine Streifen schneiden (etwas von den Basilikumstreifen für die Sauce beiseite stellen). Schafskäse in kleine Würfel schneiden.

4 Zucchini, Schafskäse und Basilikum gut verrühren und mit Salz und Pfeffer würzen. Die Masse in die beiden Putenfilets füllen und die Filets mit Holzspießchen zustecken oder mit Küchengarn zunähen.

5 Butterschmalz in einer Pfanne erhitzen. Putenfilets mit Mehl bestäuben und von beiden Seiten darin 13–15 Minuten bei mittlerer Hitze rundherum anbraten. Die Filets herausnehmen, auf dem Teller oder in der Auflaufform in den Backofen schieben und etwa 3 Stunden garen. Die Pfanne mit dem Bratensatz beiseite stellen.

6 Kurz vor Ende der Garzeit für die Sauce Crème fraîche, Sahne und Tomatenmark zu der verbliebenen Bratflüssigkeit in die Pfanne geben, verrühren und einmal aufkochen lassen. Mit Salz, Pfeffer und Cayennepfeffer würzen und die zurückgelassenen Basilikumstreifen unterrühren.

7 Die Putenfilets in Scheiben schneiden und die Sauce dazu servieren.

# Putenbrust mit Gemüsefüllung
(4 Portionen)

100 g Möhren
75 g Petersilienwurzel
100 g Knollensellerie
100 g Porree (Lauch)

**Für die Füllung:**
2 Zwiebeln
1 Knoblauchzehe
50 g getrocknete Tomaten in Öl
2 EL Semmelbrösel
90 g weiche Butter
Salz
frisch gemahlener Pfeffer

1 Putenbrust (etwa 800 g)
2 EL Speiseöl
2 Lorbeerblätter
4 EL Wasser
175 ml Gemüsebrühe

**Außerdem:**
Holzstäbchen, Küchengarn

*Zubereitungszeit: 45 Minuten*
*Garzeit: etwa 4½ Stunden*

*Pro Portion:*
*E: 46 g, F: 20 g, Kh: 8 g,*
*kJ: 1774, kcal: 424*

1 Den Backofen bei Ober-/Unterhitze auf 80 °C vorheizen. Einen großen feuerfesten Teller oder eine Auflaufform mit niedrigem Rand auf dem Rost (mittlere Schiene) miterhitzen.

2 Möhren, Petersilienwurzel und Sellerie putzen, schälen, waschen und in kleine Würfel schneiden. Porree putzen, die Stange längs halbieren, gründlich waschen, abtropfen lassen und in feine Streifen schneiden.

3 Für die Füllung Zwiebeln abziehen und fein würfeln. Knoblauch abziehen und würfeln. Tomaten abtropfen lassen und klein schneiden. Zwiebeln, Knoblauch, Tomaten, Semmelbrösel und Butter in einen hohen Rührbecher geben, mit Handrührgerät mit Schneidstab zu einer Paste verarbeiten und mit Salz und Pfeffer würzen.

4 Putenbrust unter fließendem kalten Wasser abspülen und trockentupfen. In das Fleischstück waagerecht eine möglichst tiefe Tasche schneiden, dabei das Fleisch nicht durchschneiden.

5 Die Paste in die Öffnung geben. Die Öffnung mit Holzstäbchen zustecken (senkrecht zur Öffnung) und mit Küchengarn wie einen Schnürschuh verschließen. Putenbrust rundherum mit Salz und Pfeffer einreiben.

6 Das Öl erhitzen und die Putenbrust darin etwa 8 Minuten von jeder Seite gut anbraten. In den letzten 3 Minuten das Gemüse mitbraten. Lorbeerblätter und Wasser zugeben. Putenbrust und Gemüse auf den vorgewärmten Teller oder in die Auflaufform legen, in den Backofen schieben und etwa 4½ Stunden garen.

7 Die Putenbrust auf einem vorgewärmten Teller im ausgeschalteten Backofen ruhen lassen. Das Gemüse mit der Garflüssigkeit in einen Topf geben, die Lorbeerblätter entfernen, mit Brühe auffüllen, aufkochen lassen und pürieren. Die Sauce mit Salz und Pfeffer abschmecken.

8 Putenbrust in Scheiben schneiden, Küchengarn und Holzstäbchen entfernen. Fleisch mit der Sauce servieren.

# Putenkeule in Altbiersauce

(4 Portionen)

1 Putenoberkeule (mit Knochen, etwa 1,2 kg)
Salz
frisch gemahlener Pfeffer
2 EL Speiseöl
100 g Zwiebeln
75 g Möhren
75 g Knollensellerie
150 ml Hühnerbrühe
1 EL Tomatenmark
250 ml (¼ l) Altbier
100 g getrocknete Aprikosen
evtl. etwas Zucker

*Zubereitungszeit: 60 Minuten*
*Garzeit: etwa 5 Stunden*

*Pro Portion:*
*E: 56 g, F: 10 g, Kh: 23 g, kJ: 1909, kcal: 457*

1 Den Backofen bei Ober-/Unterhitze auf 80 °C vorheizen. Eine Auflaufform mit niedrigem Rand auf dem Rost auf der mittleren Schiene mit erwärmen.

2 Putenoberkeule unter fließendem kalten Wasser abspülen, trockentupfen, den Knochen herausschneiden und die Keule mit Salz und Pfeffer einreiben. Öl in einer Pfanne erhitzen und die Putenkeule von beiden Seiten unter mehrmaligem Wenden insgesamt 15 Minuten anbraten. Das Fleisch in die Auflaufform legen und in den Backofen schieben. Die Pfanne mit dem Bratensatz beiseite stellen.

3 Zwiebeln abziehen. Möhren und Sellerie putzen, schälen und waschen. Die 3 Zutaten in feine Würfel schneiden. Die Gemüsewürfel im Bratfett (sollte aus der Haut viel Fett ausgebraten sein, etwas Fett abgießen) andünsten, Hühnerbrühe zugeben und 5 Minuten dünsten lassen. Tomatenmark und Altbier zugeben, aufkochen und die Gemüsesauce um die Keule herum in die Auflaufform geben. Die Keule etwa 5 Stunden garen.

4 Die Putenkeule aus der Auflaufform nehmen, auf einer vorgewärmten Platte wieder in den ausgeschalteten Backofen geben und etwa 20 Minuten ruhen lassen.

5 Den Bratenfond mit dem Gemüse in einen hohen Topf füllen und pürieren. Aprikosen in Streifen schneiden und kurz in der Sauce erhitzen. Die Sauce mit Salz, Pfeffer und evtl. Zucker abschmecken.

6 Das Fleisch in Scheiben schneiden und mit der Sauce servieren.

Beilage: *Salzkartoffeln, Klöße oder Spätzle und gemischter Salat.*

# Wild

Wild auf der Speisekarte, das ist immer etwas Besond res. Denn die natürliche Lebensweise der Tiere sorgt den unverwechselbaren Fleischgeschmack. Und das magere Fleisch garantiert kalorienarmes Schlemmen

# Rehrückenfilets mit Pfifferlingen
(4 Portionen)



800 g Rehrückenfilets
Salz
frisch gemahlener Pfeffer
4 EL Speiseöl, z. B. Rapsöl

800 g Pfifferlinge
2 Zwiebeln
3-4 Thymianstängel
80 g gewürfelter roher Schinken
200 g Schlagsahne

etwa 400 g TK-Kroketten

*Zubereitungszeit: 20 Minuten*
*Garzeit: etwa 60 Minuten*

*Pro Portion:*
*E: 56 g, F: 46 g, Kh: 34 g,*
*kJ: 3224, kcal: 769*

1 Den Backofen bei Ober-/Unterhitze auf 80 °C vorheizen. Einen großen feuerfesten Teller oder eine Auflaufform mit niedrigem Rand auf dem Rost (mittlere Schiene) miterwärmen.

2 Rehrückenfilets enthäuten, unter fließendem kalten Wasser abspülen, trockentupfen und mit Salz und Pfeffer bestreuen.

3 Speiseöl in einer Pfanne erhitzen und die Filets darin von allen Seiten in etwa 8 Minuten gut anbraten. Dann die Filets auf dem vorgewärmten Teller oder in der Auflaufform in den Backofen schieben und etwa 60 Minuten garen. Pfanne mit dem Bratensatz beiseite stellen.

4 Pfifferlinge putzen, abspülen und gut abtropfen lassen. Zwiebeln abziehen und in kleine Würfel schneiden. Thymian abspülen, trockentupfen und die Blättchen von den Stängeln zupfen.

5 Beiseite gestellte Pfanne mit dem Bratensatz erwärmen und die Zwiebel- und Schinkenwürfel darin anbraten. Pfifferlinge mit in die Pfanne geben und etwa 7 Minuten braten. Sahne unterrühren, kurz aufkochen lassen und die Pfifferlinge mit Salz, Pfeffer und Thymianblättchen würzen.

6 TK-Kroketten in einer großen Pfanne nach Packungsanleitung zubereiten.

7 Rehrückenfilets aus dem Backofen nehmen, in Scheiben schneiden und mit Kroketten und Pfifferlingen servieren.

# Rehmedaillons mit Fruchtspalten
(4 Portionen)

4 Rehmedaillons
(je etwa 125 g)
Salz
frisch gemahlener Pfeffer
2 EL Speiseöl, z. B. Rapsöl

300 g Pfifferlinge
1 Zwiebel

½ Ogenmelone oder Honigmelone
1 Birne, z. B. Williams Christ

*Zubereitungszeit: 20 Minuten*
*Garzeit: etwa 30 Minuten*

*Pro Portion:*
*E: 28 g, F: 7 g, Kh: 7 g,*
*kJ: 849, kcal: 202*

1 Den Backofen bei Ober-/Unterhitze auf 80 °C vorheizen. Einen feuerfesten Teller oder eine Auflaufform mit niedrigem Rand auf dem Rost (mittlere Schiene) miterwärmen.

2 Rehmedaillons unter fließendem kalten Wasser abspülen, trockentupfen, mit Salz und Pfeffer würzen.

3 Speiseöl in einer Pfanne erhitzen. Die Rehmedaillons darin etwa 2 Minuten von jeder Seite gut anbraten. Dann die Medaillons auf dem vorgewärmten Teller oder in der Auflaufform in den Backofen schieben und etwa 30 Minuten garen. Pfanne mit dem Bratensatz beiseite stellen.

4 Pfifferlinge putzen, kurz abspülen und gut abtropfen lassen. Zwiebel abziehen und fein würfeln. Beiseite gestellte Pfanne erwärmen und die Zwiebelwürfel darin anbraten. Pfifferlinge hinzufügen und unter Rühren etwa 5 Minuten mitbraten, mit Salz und Pfeffer würzen.

5 Melone und Birne schälen. Birne vierteln und entkernen. Melone und Birne in Spalten schneiden.

6 Rehmedaillons mit Pfifferlingen, Birnen- und Melonenspalten anrichten und sofort servieren.

Beilage: *Wildreis.*

Tipp: *Nach Belieben das Gericht mit Petersilie garnieren. Melonen- und Birnenspalten erwärmen. Dazu die Fruchtspalten zusammen mit den Medaillons in den Backofen schieben.*

# Wildschweinsteaks mit Bohnen-Pfifferlings-Gemüse (4 Portionen)

4 Wildschweinsteaks
(je etwa 180 g)
Salz
frisch gemahlener Pfeffer
2 EL Speiseöl, z. B.
Sonnenblumenöl

1 große Dose grüne Bohnen
(Abtropfgewicht 500 g)
1 kleine Dose Pfifferlinge
(Abtropfgewicht 110 g)
100 g geräucherter Speck
2 Zwiebeln
1 TL gerebeltes Bohnenkraut
30 g Butter

*Zubereitungszeit: 40 Minuten*
*Garzeit: 15–20 Minuten*

*Pro Portion:*
*E: 39 g, F: 22 g, Kh: 5 g,*
*kJ: 1546, kcal: 368*

1 Den Backofen bei Ober-/Unterhitze auf 80 °C vorheizen und einen großen feuerfesten Teller auf einem Rost (mittlere Schiene) miterwärmen. Wildschweinsteaks unter fließendem kalten Wasser abspülen, trockentupfen und mit Salz und Pfeffer bestreuen.

2 Speiseöl in einer großen Pfanne erhitzen und die Steaks darin von jeder Seite etwa 2 Minuten anbraten. Dann die Steaks auf dem vorgewärmten Teller in den Backofen schieben und 15–20 Minuten garen.

3 Bohnen und Pfifferlinge auf einem Sieb abtropfen lassen. Speck in kleine Würfel schneiden. Zwiebeln abziehen und fein würfeln.

4 Speckwürfel in einer großen Pfanne auslassen. Dann die Speckgrieben aus der Pfanne nehmen. Bohnen in der Pfanne erhitzen und mit Bohnenkraut, Salz und Pfeffer abschmecken. Bohnen aus der Pfanne nehmen und warm stellen.

5 Die Hälfte der Butter in der Pfanne zerlassen. Pfifferlinge darin anbraten, mit Salz und Pfeffer abschmecken. Pfifferlinge ebenfalls warm stellen. Restliche Butter in der Pfanne zerlassen und die Zwiebelwürfel unter Rühren darin glasig dünsten.

6 Die Wildschweinsteaks mit dem Bohnen-Pfifferlings-Gemüse auf vorgewärmten Tellern anrichten. Die Zwiebelwürfel über die Bohnen geben.

Beilage: *Bratkartoffeln.*

# Hasenfilet mit Pfifferlings-Weintrauben-Sauce (4 Portionen)

600 g Hasenfilet
Salz
frisch gemahlener Pfeffer
5 EL Speiseöl, z.B. Rapsöl
4 Schalotten
150 g Pfifferlinge
250 g grüne kernlose Weintrauben
250 ml (¼ l) trockener Rotwein

1–2 Rosmarinzweige

1 Becher (150 g) Crème fraîche
1 EL mittelscharfer Senf
½ TL gerebelter Thymian

*Zubereitungszeit: 30 Minuten*
*Garzeit: etwa 30 Minuten*

*Pro Portion:*
*E: 36 g, F: 29 g, Kh: 14 g,*
*kJ: 2060, kcal: 494*

1 Den Backofen bei Ober-/Unterhitze auf 80 °C vorheizen. Einen feuerfesten Teller oder eine Auflaufform mit niedrigem Rand auf dem Rost (mittlere Schiene) miterwärmen.

2 Das Hasenfilet unter fließendem kalten Wasser abspülen, trockentupfen, evtl. vorhandenes Fett und Sehnen abschneiden. Das Filet mit Salz und Pfeffer würzen.

3 Speiseöl in einer Pfanne erhitzen. Das Hasenfilet darin in etwa 8 Minuten von allen Seiten gut anbraten. Dann das Filet auf dem vorgewärmten Teller oder in der Auflaufform in den Backofen schieben und etwa 30 Minuten garen. Pfanne mit dem Bratensatz beiseite stellen.

4 Schalotten abziehen und in Scheiben schneiden. Pfifferlinge putzen, kurz abspülen und gut abtropfen lassen. Größere Pfifferlinge etwas kleiner schneiden. Weintrauben abwaschen, abtropfen lassen und entstielen.

5 Beiseite gestellte Pfanne erwärmen und die Schalottenscheiben darin anbraten. Pfifferlinge hinzufügen, diese ebenfalls kurz anbraten. Rotwein einrühren und die Sauce etwa 10 Minuten köcheln lassen.

6 Rosmarin abspülen, trockentupfen und die Nadeln von den Stängeln zupfen. Nadeln hacken. Crème fraîche und Senf in die Sauce einrühren. Sauce mit Thymian, Salz und Pfeffer abschmecken. Hasenfilet in Scheiben schneiden, mit Sauce und Rosmarin bestreut servieren.

Beilage: *Kartoffelpüree.*

# Gebratene Fasanenbrust auf Rote-Bete-Carpaccio (4 Portionen)

4 Fasanenbrustfilets (etwa 400 g)
Salz
frisch gemahlener Pfeffer
3 EL Speiseöl, z. B. Rapsöl
50 g geräucherte Schinkenspeckwürfel
350 g gegarte Rote Bete (gibt es vakuumverpackt)
1 Schalotte
4 EL Himbeeressig
4 EL Olivenöl
20 g Walnusskerne

4 Friséesalatblätter

*Zubereitungszeit: 30 Minuten*
*Garzeit: etwa 25 Minuten*

*Pro Portion:*
*E: 27 g, F: 18 g, Kh: 7 g, kJ: 1247, kcal: 298*

1 Den Backofen bei Ober-/Unterhitze auf 80 °C vorheizen. Einen feuerfesten Teller oder eine Auflaufform mit niedrigem Rand auf dem Rost (mittlere Schiene) miterhitzen.

2 Fasanenbrustfilets unter fließendem kalten Wasser abspülen, trockentupfen und mit Salz und Pfeffer bestreuen. Speiseöl in einer großen Pfanne erhitzen, die Fasanenbrustfilets darin von allen Seiten etwa 8 Minuten gut anbraten. Die Fasanenbrustfilets herausnehmen und auf dem Teller oder in der Auflaufform in den Backofen schieben und in etwa 25 Minuten fertig garen.

3 Die Schinkenwürfel in die Pfanne geben und kross anbraten. Gebratene Schinkenwürfel auf Küchenpapier abtropfen lassen.

4 Rote Bete in feine Scheiben schneiden oder hobeln. 4 große Teller mit Rote-Bete-Scheiben dekorativ belegen.

5 Schalotte abziehen und in feine Würfel schneiden. Schalotten- und Schinkenwürfeln vermengen, die Rote-Bete-Scheiben damit bestreuen, je einen Esslöffel Himbeeressig und Olivenöl darauf träufeln.

6 Von den Walnusskernen 4 Nusshälften zur Garnierung beiseite legen, die restlichen fein hacken. Das Rote-Bete-Carpaccio mit Salz, Pfeffer und gehackten Walnusskernen bestreuen.

7 Salatblätter abspülen und trockentupfen. Fasanenbrüste in Scheiben schneiden und auf dem Carpaccio anrichten. Carpaccio mit Salatblättern und beiseite gelegten Walnusshälften garniert servieren.

Beilage: *Geröstete Baguettescheiben.*

# Fasanenbrust mit Apfelgemüse und Kartoffelpüree (4 Portionen)

4 Fasanenbrüste (etwa 400 g)
Salz
frisch gemahlener Pfeffer
4 EL Speiseöl, z. B. Rapsöl

1 kg mehlig kochende Kartoffeln
Wasser
1 TL Salz

2 Zwiebeln
4 säuerliche Äpfel (etwa 800 g, z. B. Cox Orange)
2 EL Speiseöl, z. B. Rapsöl
1 EL brauner Zucker
1 TL gerebelter Majoran

250 ml (¼ l) heiße Milch
75 g Butter
geriebene Muskatnuss

einige Majoranblättchen

*Zubereitungszeit: 45 Minuten*
*Garzeit: 40 Minuten*

*Pro Portion:*
*E: 29 g, F: 27 g, Kh: 56 g, kJ: 2491, kcal: 595*

1 Den Backofen bei Ober-/Unterhitze auf 80 °C vorheizen. Einen großen feuerfesten Teller oder eine Auflaufform mit niedrigem Rand auf dem Rost (mittlere Schiene) miterhitzen.

2 Fasanenbrüste unter fließendem kalten Wasser abspülen, trockentupfen und mit Salz und Pfeffer bestreuen. Speiseöl in einer großen Pfanne erhitzen. Fasanenbrüste darin etwa 5 Minuten von allen Seiten gut anbraten. Fasanenbrüste aus der Pfanne nehmen, auf den vorgewärmten Teller oder in die Auflaufform legen und auf dem Rost in den Backofen schieben. Die Fasanenbrüste etwa 40 Minuten garen.

3 Kartoffeln schälen, abspülen, abtropfen lassen und in kleine Stücke schneiden. Kartoffelstücke in einem Topf mit Wasser und Salz zum Kochen bringen und in etwa 20 Minuten gar kochen.

4 Inzwischen Zwiebeln abziehen und in Scheiben schneiden. Äpfel schälen, vierteln, entkernen und grob würfeln. Speiseöl in einer Pfanne erhitzen und die Zwiebelscheiben darin anbraten. Apfelwürfel hinzufügen und unter Rühren 3–4 Minuten dünsten. Apfelgemüse mit Zucker, Salz, Pfeffer und Majoran abschmecken.

5 Kartoffeln abgießen und durch eine Kartoffelpresse drücken oder im Topf zerstampfen. Heiße Milch und Butter mit einem Schneebesen unterrühren. Kartoffelpüree mit Salz, Pfeffer und Muskatnuss würzen. Fasanenbrüste mit Apfelgemüse und Kartoffelpüree mit Majoran garniert servieren.

# Straußensteaks mit Pfeffersauce und Polenta (4 Portionen)

4 Straußensteaks (je etwa 180 g)
Salz
frisch gemahlener Pfeffer
4 EL Olivenöl

**Für die Sauce:**
100 ml Madeira (Likörwein)
200 g Schlagsahne
2 EL grüne Pfefferkörner

400 ml Milch
150 g Hartweizengrieß
2 Eigelb (Größe M)
80 g geraspelter Mozzarella
frisch geriebene Muskatnuss

1 kg Rosenkohl
500 ml (½ l) Wasser
1 TL Salz
20 g Butter

50 g Butter

*Zubereitungszeit: 40 Minuten*
*Garzeit: 20–30 Minuten*

*Pro Portion:*
*E: 71 g, F: 55 g, Kh: 42 g,*
*kJ: 4117, kcal: 1010*

1 Den Backofen bei Ober-/Unterhitze auf 80 °C vorheizen. Einen feuerfesten Teller auf einem Rost (mittlere Schiene) miterwärmen. Steaks unter fließendem kalten Wasser abspülen, trockentupfen, mit Salz und Pfeffer bestreuen.

2 Öl in einer Pfanne erhitzen. Die Steaks darin von jeder Seite etwa 3 Minuten anbraten, dann die Steaks auf dem vorgewärmten Teller in den Backofen schieben und 20–30 Minuten garen. Für die Sauce Madeira, Sahne und Pfefferkörner in den Bratensatz einrühren und etwas einkochen lassen.

3 Milch in einem Topf unter Rühren zum Kochen bringen. Grieß mit einem Schneebesen einrühren und unter Rühren etwa 1 Minute kochen. Topf von der Kochstelle nehmen. Eigelb und Mozzarella unter die Grießmasse arbeiten, mit Salz und Muskat würzen.

4 Eine flache Auflaufform (etwa 15 x 20 cm) mit Frischhaltefolie auslegen. Die Grießmasse darin etwa 1 cm hoch verstreichen, etwa 5 Minuten abkühlen lassen.

5 Rosenkohl putzen, waschen und abtropfen lassen. Wasser mit Salz in einem Topf zum Kochen bringen. Rosenkohl darin etwa 6 Minuten garen, dann in einem Sieb abtropfen lassen, Butter unterrühren. Rosenkohl mit Muskatnuss würzen und warm stellen.

6 Polenta in rautenförmige Stücke schneiden. Butter in einer Pfanne zerlassen. Polentastücke darin von jeder Seite kurz anbraten.

7 Sauce mit Salz und Pfeffer abschmecken. Straußensteaks mit Polenta, Rosenkohl und der Pfeffersauce auf vorgewärmten Tellern servieren.

# Straußenmedaillons mit Rotweinsauce
(4 Portionen)

1 kg gleich große neue Kartoffeln
1 TL Salz
Wasser

750 g Straußenfilet
Salz
frisch gemahlener Pfeffer
3 EL Olivenöl

250 ml (¼ l) Wildfond
250 ml (¼ l) trockener Rotwein
3 zerdrückte Wacholderbeeren
3 Pimentkörner
1 Gewürznelke

150 g Schalotten
4 Knoblauchzehen
4 EL Olivenöl
1 EL Rosmarinnadeln

1 EL Weizenmehl
2 EL kaltes Wasser
3 TL Wildpreiselbeeren
(aus dem Glas)
Cayennepfeffer

*Zubereitungszeit: 45 Minuten*
*Garzeit: 20–30 Minuten*

*Pro Portion:*
*E: 56 g, F: 22 g, Kh: 38 g,*
*kJ: 2558, kcal: 639*

1 Kartoffeln gründlich waschen. Kartoffeln mit Salz und Wasser bedeckt in einem Topf zum Kochen bringen, etwa 15 Minuten kochen lassen. Kartoffeln abgießen, etwas abkühlen lassen und dann längs vierteln.

2 Den Backofen bei Ober-/Unterhitze auf 80 °C vorheizen und einen feuerfesten Teller auf einem Rost (mittlere Schiene) miterwärmen. Straußenfilet unter fließendem kalten Wasser abspülen, trockentupfen und in 4 Medaillons schneiden, diese mit Salz und Pfeffer bestreuen.

3 Olivenöl in einer Pfanne erhitzen und die Medaillons darin von jeder Seite etwa 3 Minuten anbraten. Dann die Medaillons auf dem vorgewärmten Teller in den Backofen schieben und 20–30 Minuten garen. Pfanne mit dem Bratensatz beiseite stellen.

4 Wildfond mit Rotwein, Wacholderbeeren, Pimentkörnern und Gewürznelke in einem Topf zum Kochen bringen und auf etwa 375 ml (3/8 l) Flüssigkeit einkochen.

5 Schalotten und Knoblauch abziehen. Knoblauch in Scheiben schneiden. Olivenöl in einer Pfanne erhitzen. Kartoffelviertel, Schalotten und Knoblauch darin etwa 10 Minuten braten, dabei gelegentlich umrühren, mit Rosmarinnadeln, Salz und Pfeffer würzen.

6 Den eingekochten Fond durch ein Sieb gießen und in die beiseite gestellte Pfanne mit dem Bratensatz einrühren. Mehl mit Wasser anrühren, in die Sauce einrühren und zum Kochen bringen.

7 Die Sauce mit Salz, Pfeffer, Preiselbeeren und Cayennepfeffer würzen. Den ausgetretenen Bratensaft der Medaillons in die Sauce einrühren. Die Medaillons mit den Kartoffeln anrichten, die Sauce dazureichen.

## Vorbereitung und Anbraten der Fleischstücke

Je nach Fleischstück werden die Schwarte und die äußeren Fettschichten abgeschnitten. Außerdem werden die Stücke bei Bedarf enthäutet bzw. entsehnt.
Wichtig beim Niedertemperatur-Garen ist das richtige Anbraten. Die Fleischstücke müssen rundherum in heißem Fett angebraten werden. Dabei gerinnt das Eiweiß an der Fleischoberfläche und es bildet sich eine Kruste, die zum Einen für ein gutes Bratenaroma verantwortlich ist und zum Anderen sorgt sie dafür, dass der Fleischsaft im Inneren bleibt. Die Bratenstücke können nicht austrocknen. Gleichzeitig werden beim Anbraten evtl. vorhandene Keime auf der Fleischoberfläche vernichtet. Generell gilt – kleinere, dünnere Fleischstücke brauchen eine kürzere Anbratzeit als größere, dickere. Dies gilt auch für das anschließende Garen.

## Backofeneinstellung und -überwachung

Bereits vor dem Anbraten muss der Backofen bei Ober-/Unterhitze auf 80 °C eingestellt werden, damit er beim Hineinschieben des Fleisches nach dem Anbraten die richtige Temperatur erreicht hat. Gleichzeitig erwärmen Sie darin eine feuerfeste Platte oder eine Auflaufform mit niedrigem Rand mit, auf der das Fleisch dann garen kann. Sie können die Fleischstücke aber auch in einem flachen Bräter anbraten und diesen dann in den Backofen schieben. Auf keinen Fall darf das Fleisch zugedeckt werden. Beim Garen ist die Temperatureinhaltung des Backofens besonders wichtig. Auch wenn sich moderne Backöfen sehr genau einstellen lassen, können auch diese Geräte, wie ältere Modelle, Schwankungen unterliegen.
Wir empfehlen deshalb, die Temperatur des Backofens mit einem Ofenthermometer (siehe Foto links) zu kontrollieren und wenn nötig nachzuregeln. Schwierig ist in der Regel die Temperatureinstellung und -einhaltung bei Gasbacköfen. In diesem Fall sollten Sie mithilfe eines Ofenthermometers prüfen, ob Ihr Backofen die erforderliche Temperatur halten kann.

## Garzeiten im Verhältnis zur Fleischdicke

| Dicke des Fleischstückes | | Garzeit | |
|---|---|---|---|
| 1½–2 | cm | 30–45 | Minuten |
| 3–4 | cm | 1–2 | Stunden |
| 5–6 | cm | 2½–3 | Stunden |
| 8 | cm | 4–5 | Stunden |
| 10 | cm | 5–6 | Stunden |
| 12 | cm | 7–8 | Stunden |

## Garzeiten und Kerntemperaturen

Ebenso wie die Anbratzeit richtet sich auch die Garzeit nach der Fleischdicke bzw. -größe. Je dicker und größer das Fleischstück, desto länger ist auch die Garzeit. Zur Orientierung empfehlen wir Ihnen die Angaben in der nebenstehenden Tabelle. Beachten Sie bitte auch die in den Rezepten empfohlenen Garzeiten. Mithilfe eines Lebensmittelthermometers können Sie nach der empfohlenen Garzeit prüfen, ob Ihr Bratenstück fertig gegart ist. Diese Thermometer gibt es in verschiedenen Ausführungen.

Preiswert sind analoge Einstechthermometer (siehe Abbildung rechts, Nummer 3). Präzisere Messungen ermöglichen digitale Lebensmittelthermometer (siehe Abbildung rechts, Nummer 2 und 4). Die Kerntemperatur des Bratens muss mindestens 30 Minuten über 60 °C liegen und nach der empfohlenen Garzeit, zwischen 65 °C–70 °C betragen. Ist diese Temperatur noch nicht erreicht, muss der Braten im Backofen weitergaren.

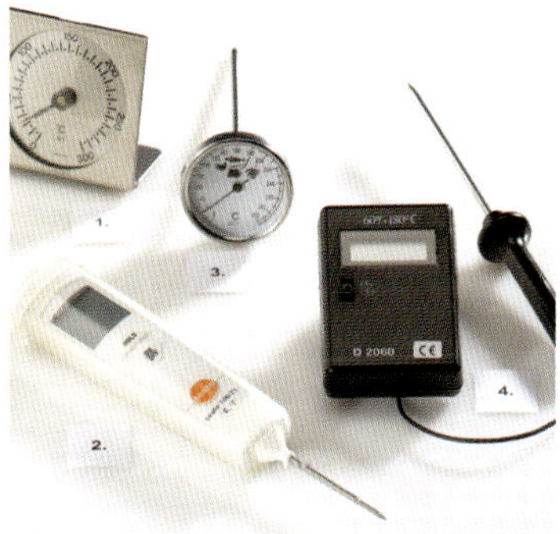

## Was Sie noch wissen sollten!

Servieren Sie den Braten immer auf vorgewärmtem Geschirr. Sauce, die dazu gereicht wird, sollte heiß sein, damit der Braten nicht zu stark und schnell auskühlt.

Ein großer Vorteil dieser Garmethode besteht darin, dass eine Überschreitung der Garzeit, weil z. B. die Beilagen noch nicht fertig sind oder sich vielleicht Ihre Gäste verspäten, nicht gleich zum Qualitätsverlust des fertigen Bratens führt. Zum längeren Warmhalten empfiehlt es sich, die Backofentemperatur auf 60 °C zu reduzieren. Kleinere Braten können dann ohne große Qualitätsverluste etwa 30 Minuten länger im Backofen bleiben, große Braten etwa 1–1 1/2 Stunden.

## Saucen

Eine Sauce gehört für viele noch immer zu einem vollständigen Gericht. Beim Niedertemperatur-Garen entsteht in der Regel keine Saucenbasis, da der Fleischsaft im Inneren des Bratens bleibt.

Eine Möglichkeit eine Sauce zuzubereiten, besteht darin, den Bratensatz, welcher beim Anbraten des Fleisches entsteht, mit Brühe (z. B. etwa 375 ml (3/8 l) Gemüse- oder Fleischbrühe) oder einem Fond abzulöschen. Der Bratensatz wird unter Rühren losgekocht und anschließend in der offenen Pfanne reduziert (etwas eingekocht). Zum Schluss etwa 2 Esslöffel Crème fraîche oder Schlagsahne unterrühren und die Sauce nach Belieben mit Salz, Pfeffer und/oder Kräutern würzen.

Eine weitere Möglichkeit ist die Zubereitung einer Sauce auf der Basis einer Mehlschwitze. Dazu 25 g Butter in einem Topf zerlassen und etwa 20 g Weizenmehl unter Rühren so lange darin erhitzen, bis es hellgelb (helle Mehlschwitze) oder hell- bis dunkelbraun (dunkle Mehlschwitze) ist. 375 ml (3/8 l) Brühe hinzugießen und mit einem Schneebesen gut durchrühren, darauf achten, dass keine Klümpchen entstehen. Sauce zum Kochen bringen und etwa 5 Minuten ohne Deckel köcheln lassen, dabei gelegentlich umrühren. Sauce mit Salz und Pfeffer würzen. Je nach Geschmack kann die Sauce auch mit Senf, Wein, Sherry oder Kräutern abgeschmeckt werden.

# Kapitelregister

## Schwein



## Rind

# Kapitelregister



## Kalb



## Lamm



## Geflügel



## Wild

# Alphabetisches Register

Umwelthinweis Dieses Buch und der Einband wurden auf chlorfrei gebleichtem Papier gedruckt. Die Einschrumpffolie – zum Schutz vor Verschmutzung – ist aus umweltfreundlichem und recyclingfähigem PE-Material.

Wenn Sie Anregungen, Vorschläge oder Fragen zu unseren Büchern haben, rufen Sie uns unter folgender Nummer an 0521 155-2580 oder 5206-58 oder schreiben Sie uns: Dr. Oetker Verlag KG, Am Bach 11, 33602 Bielefeld oder besuchen Sie uns im Internet unter www.oetker.de.



Redaktion Jasmin Gromzik, Miriam Krampitz

Titelfoto Thomas Diercks, Hamburg
Innenfotos Thomas Diercks, Hamburg (S. 23, 39, 59, 63, 77, 89, 107, 115, 117, 135, 145, 159, 165, 167, 177, 179, 189)
Ulli Hartmann, Halle (Westf.) (S. 29, 49, 61, 153, 169, 181)
Bernd Lippert (S. 201)
Hans-Joachim Schmidt, Hamburg (S. 35, 45, 72, 183, 185)
Axel Struwe, Bielefeld (S. 4–21, 25–27, 31, 33, 41, 43, 47, 51–57, 65–69, 73, 78, 83–87, 91–105, 109–113, 119–133, 136–141, 147–151, 155, 157, 161, 163, 171–175, 187, 191–199, 202, 203)
Norbert Toelle, Bielefeld (S. 143)
Brigitte Wegner, Bielefeld (S. 37, 75, 81)

Rezeptentwicklung und -beratung Hans-Peter Huke, Bielefeld
Mechthild Plogmaker, Dr. Oetker Versuchsküche, Bielefeld

Titelgestaltung kontur:design, Bielefeld
Grafisches Konzept kontur:design, Bielefeld
Gestaltung und Satz M•D•H Haselhorst, Bielefeld

Druck und Bindung Mohn media Mohndruck GmbH, Gütersloh



ISBN 978-3-7670-0511-2